西安外国语大学资助

知识旅游的理论与实证研究

张 玲 著

南开大学出版社
NANKAI UNIVERSITY PRESS

天 津

图书在版编目(CIP)数据

知识旅游的理论与实证研究 / 张玲著. -- 天津：南开大学出版社，2025.7
ISBN 978-7-310-06433-5

Ⅰ.①知… Ⅱ.①张… Ⅲ.①旅游经济－经济管理－研究 Ⅳ.①F590

中国国家版本馆 CIP 数据核字(2023)第 013562 号

版权所有　侵权必究

知识旅游的理论与实证研究
ZHISHI LÜYOU DE LILUN YU SHIZHENG YANJIU

南开大学出版社出版发行
出版人：王　康
地址：天津市南开区卫津路 94 号　邮政编码：300071
营销部电话：(022)23508339　营销部传真：(022)23508542
https://nkup.nankai.edu.cn

天津泰宇印务有限公司印刷　全国各地新华书店经销
2025 年 7 月第 1 版　2025 年 7 月第 1 次印刷
230×170 毫米　16 开本　11 印张　201 千字
定价:55.00 元

如遇图书印装质量问题，请与本社营销部联系调换，电话:(022)23508339

前　言

旅游活动本质上是人类追求发展和自我完善的自主行为，其开端就具有显著的求知意向和自我教育职能。在知识经济时代，知识观更为全面和动态，知识的含义和作用被重新认识，作为组织中最有价值的资源，知识成为组织核心竞争力的关键要素。旅游活动受到社会经济发展的影响，其活动主体更为有意识地主动探寻旅游服务手段高科技化、旅游从业人员高知识化，旅游成为知识产业，可以说"知识旅游"是最能够体现知识经济时代旅游活动发展趋势的理念。

囿于传统知识观的认识局限，将旅游与知识经济密切相连，将知识管理理论应用于旅游的研究十分薄弱，所以本书尝试通过对以往分散、疏离的相关论述，以知识旅游这一核心理念为线索，初步构建知识旅游管理的概念框架并探讨实施知识旅游管理的关键——知识转化的路径以指导实际应用。按照理论提出—实证检验—对策模式的逻辑思路，全书分为三个板块共十一章。

第一板块为知识旅游的概念体系建构，阐释了知识旅游、知识旅游者、知识旅游产品等关键概念，并尝试提出了以知识转化为核心的知识旅游管理概念模型。第二板块是对知识旅游中的知识转化实施路径的实证探索，知识旅游管理以人为本，让旅游组织中的知识型员工有能力更要有意向去进行知识转化，这是知识旅游管理关注的重点问题。从积极组织行为学的视角来看，选择两个可以测量的情感变量"心理资本"和"组织认同"，分别代表员工对自身和旅游组织的积极情感并考察其对知识转化的影响，从而为促进旅游组织中的知识转化提供具体可行的途径。第三板块以地质公园为平台研究其开展知识旅游，推动知识转化的实施对策。在分析地质公园的知识内涵基础上，关注其具有特色的知识旅游产品——解说系统，并通过游客对解说的需求研究提出促进地质公园内外部知识转化的具体改进策略。

主要研究结论为：

1. 知识旅游能够体现知识经济时代旅游发展的主流趋势，我国的旅游发展目前已经进入知识旅游的初级阶段。知识旅游需要注重知识管理理论的应用，知识旅游管理的核心是对知识转化的推动。

2. 促进旅游组织内部知识转化的关键是对旅游组织中知识型员工的激励，促进旅游组织与旅游者之间的外部知识转化是通过知识旅游产品实现的。

3. 作为"知识人",知识型员工的管理要着眼于其潜能的发挥,积极组织行为学提供了研究的途径;作为"知识人",知识旅游者表现出不同于传统旅游者的行为特征。

4. 实证分析表明旅游组织中员工的心理资本和组织认同都对知识转化有显著的积极影响。

5. 地质公园既是典型的知识旅游产品,也是开展知识旅游活动的理想场所之一。地质公园推动知识旅游的策略是提升员工的心理资本和组织认同,在了解游客需求的基础上不断改进解说系统,从而促进组织内外部的知识转化。

本书借鉴了积极组织行为学的方法推进知识旅游管理,在实证分析的基础上,探索影响知识员工进行知识转化的因素,并验证了心理资本和组织认同对旅游组织知识转化的显著正向影响,从而提出可以通过对这两个可测量、可干预的组织行为变量的积极提升,促进旅游组织中的知识转化。解决了以往知识管理缺乏路径引导的"黑盒子"问题,为旅游组织的知识转化提供了可操作性较强的模式,从而推进了知识旅游的理论与实证研究。

目 录

第一章 绪 论 ·· 1
1.1 知识经济是知识旅游的时代背景 ······················· 1
    1.1.1 知识经济时代旅游发展前景 ························ 1
    1.1.2 知识经济时代旅游成为知识产业 ···················· 4
    1.1.3 知识经济时代旅游知识化 ·························· 5
    1.1.4 对知识经济时代的旅游研究不足 ···················· 6
1.2 知识管理是知识旅游的理论背景 ························ 7
    1.2.1 知识管理理论研究综述 ···························· 7
    1.2.2 知识管理与旅游 ·································· 8
    1.2.3 知识旅游的提出 ·································· 9
1.3 研究目标及选题意义 ································ 10
    1.3.1 研究目标 ······································ 10
    1.3.2 选题的意义 ···································· 10
1.4 研究内容及资料来源 ································ 10
    1.4.1 研究内容 ······································ 11
    1.4.2 资料来源 ······································ 13
1.5 主要研究方法 ······································ 14

第二章 知识旅游 ·· 15
2.1 知识旅游基于后现代知识观 ·························· 15
    2.1.1 知识观的发展 ·································· 16
    2.1.2 知识旅游中"知识"的含义 ······················ 17
2.2 知识旅游是旅游在知识经济时代的主流 ················ 19
    2.2.1 知识旅游的渊源 ································ 19
    2.2.2 知识旅游在知识经济时代的发展 ·················· 20
2.3 知识旅游凸显旅游的教育职能 ························ 21
    2.3.1 知识旅游是终身教育体系的组成部分 ·············· 22
    2.3.2 知识旅游支持终身学习 ·························· 22
    2.3.3 知识旅游推动学习社会的构建 ···················· 23

	2.4	知识旅游的可持续性	24
		2.4.1 知识的边际报酬递增特性	24
		2.4.2 游客的求知需求维持知识旅游	25
		2.4.3 知识旅游关注环境	25
	2.5	我国的知识旅游发展	26
		2.5.1 专项旅游的发展	26
		2.5.2 景区类型多样化	26
		2.5.3 对解说系统的重视	27
		2.5.4 研学旅行的兴起	28

第三章 知识旅游管理关键在于知识转化 … 30

- 3.1 知识旅游管理的核心 … 30
  - 3.1.1 知识转化的 SECI 模型 … 31
  - 3.1.2 旅游组织内部的知识转化 … 33
  - 3.1.3 旅游组织外部的知识转化 … 35
- 3.2 知识旅游管理以人为本 … 37
  - 3.2.1 知识管理依靠人力资源管理实施 … 38
  - 3.2.2 积极组织行为学视角 … 38
- 3.3 知识旅游管理的人性假设 … 39
  - 3.3.1 人性假设演变 … 39
  - 3.3.2 以往人性假设的局限性 … 40
  - 3.3.3 知识人假设的基本观点 … 40
- 3.4 旅游组织中的知识型员工 … 42
  - 3.4.1 知识型员工的特点 … 42
  - 3.4.2 对旅游组织知识型员工的管理 … 43
- 3.5 知识旅游管理的概念模型和场域建构 … 45
  - 3.5.1 知识旅游的概念模型 … 45
  - 3.5.2 知识旅游的场域建构 … 46

第四章 知识旅游者和知识旅游产品 … 49

- 4.1 知识旅游者 … 49
  - 4.1.1 知识旅游者的概念 … 49
  - 4.1.2 知识旅游者的行为特征 … 52
  - 4.1.3 知识旅游者群体的构成 … 56
- 4.2 知识旅游产品——知识转化的体现 … 58
  - 4.2.1 知识旅游产品概念 … 58

  4.2.2 知识旅游产品体系 ································· 59
  4.2.3 知识旅游产品的生命周期 ························· 60
  4.2.4 知识旅游产品的促销 ····························· 61

第五章 心理资本对旅游组织中知识转化的影响 ················· 64
 5.1 心理资本研究综述 ······································· 64
  5.1.1 心理资本研究现状 ······························· 64
  5.1.2 研究假设的提出 ································· 66
 5.2 测量工具及样本 ··· 66
  5.2.1 测量工具 ······································· 66
  5.2.2 样本和取样程序 ································· 67
  5.2.3 案例样本描述 ··································· 67
 5.3 问卷信度检验 ··· 67
  5.3.1 心理资本问卷信度 ······························· 67
  5.3.2 知识转化问卷信度 ······························· 68
 5.4 旅游组织员工心理资本构成分析 ··························· 69
 5.5 心理资本与员工传记特点的关系 ··························· 70
  5.5.1 回归分析结果 ··································· 71
  5.5.2 回归分析的讨论 ································· 72
 5.6 心理资本对知识转化的影响分析 ··························· 73
  5.6.1 四种积极心理状态对知识转化的影响 ··············· 73
  5.6.2 心理资本对知识转化的影响 ······················· 75
 5.7 小结 ··· 76

第六章 组织认同对旅游组织中知识转化的影响 ················· 78
 6.1 组织认同研究综述 ······································· 78
  6.1.1 组织认同的概念 ································· 78
  6.1.2 组织认同的测量和维度 ··························· 79
  6.1.3 研究假设 ······································· 79
 6.2 组织认同的结构维度分析 ································· 80
  6.2.1 问卷的信度分析 ································· 80
  6.2.2 因子分析 ······································· 81
 6.3 组织认同与员工传记特点的关系 ··························· 84
  6.3.1 回归分析结果 ··································· 84
  6.3.2 分析结果讨论 ··································· 85

6.4 组织认同对知识转化的影响分析···85
  6.4.1 组织认同构成因子对知识转化的影响·······························86
  6.4.2 组织认同对知识转化的影响··87
  6.4.3 组织认同与心理资本的关系··88

第七章 地质公园的知识旅游···90
 7.1 地质公园在我国的快速发展···90
  7.1.1 地质公园的概念··90
  7.1.2 我国的地质公园体系···91
  7.1.3 地质公园的影响··91
 7.2 地质公园和地质遗迹景观区的实地考察总结································94
  7.2.1 实地考察区域概况···94
  7.2.2 地质公园的知识旅游特色··97
 7.3 知识旅游对诠释地质遗迹景观的要求···99
  7.3.1 地质遗迹景观的形态认知··100
  7.3.2 地质遗迹景观的时空认知··101
  7.3.3 地质遗迹景观的理念认知··102
  7.3.4 三重认知的关联··102
 7.4 解说系统实现地质公园的知识转化···104
  7.4.1 解说系统的意义··104
  7.4.2 地质公园解说系统的构成··105
  7.4.3 地质公园解说系统的特色··106

第八章 地质公园的解说需求分析··108
 8.1 地质公园解说需求研究综述···108
  8.1.1 地质公园解说方面研究的欠缺··108
  8.1.2 研究假设··109
 8.2 研究方案···109
  8.2.1 案例地概况···109
  8.2.2 问卷设计··110
  8.2.3 取样程序和样本描述···110
 8.3 数据结果与分析··111
  8.3.1 游客对解说媒介的需求分析···111
  8.3.2 游客对解说主题的需求分析···112
  8.3.3 游客特征的解说主题需求差异··113
  8.3.4 游客的解说满意度分析··115

8.4 结论 ··· 117
第九章 地质公园知识转化的策略研究 ··· 119
9.1 促进地质公园内部知识转化的策略 ··· 119
9.1.1 翠华山员工基本情况 ··· 119
9.1.2 员工的知识转化状况 ··· 120
9.1.3 员工心理资本和组织认同状况 ··· 121
9.1.4 提升地质公园员工心理资本的策略 ·································· 122
9.1.5 提升地质公园员工组织认同的策略 ·································· 124
9.2 促进地质公园外部知识转化的策略 ··· 126
9.2.1 产学合作中的双向知识流 ·· 126
9.2.2 知识旅游者的乐园 ··· 127
9.2.3 解说系统改进策略 ··· 129
9.3 地质公园的知识旅游促销策略 ·· 131
9.3.1 管理数据库建设 ··· 131
9.3.2 重视传媒渠道 ·· 131
9.3.3 事件营销 ··· 131
9.3.4 地质公园的知识促销 ·· 132

第十章 丹霞山世界地质公园的知识旅游发展 ································ 133
10.1 丹霞山世界地质公园概况 ·· 133
10.1.1 入围全球首批世界地质公园 ··· 133
10.1.2 丹霞山的自然资源 ·· 134
10.1.3 丹霞山的人文底蕴 ·· 134
10.2 丹霞山世界地质公园的知识型员工 ·· 135
10.2.1 丹霞山自然教育导师 ·· 135
10.2.2 丹霞山科普志愿者 ·· 136
10.2.3 丹霞山专家团队 ··· 137
10.3 丹霞山世界地质公园的知识旅游场域 ··· 138
10.3.1 知识转化社区——丹霞山科普小镇 ································ 138
10.3.2 知识传播社群 ··· 139
10.4 丹霞山的知识旅游产品 ·· 139
10.4.1 丹霞山自然学校 ··· 139
10.4.2 丹霞山科学考察路线 ··· 140
10.4.3 丹霞山科普主题活动 ··· 141

第十一章　研究结论及展望 …………………………………………… 142
　　11.1　主要研究结论 ……………………………………………………… 142
　　　　11.1.1　理论方面 ……………………………………………………… 142
　　　　11.1.2　实证方面 ……………………………………………………… 142
　　11.2　本研究的创新点 …………………………………………………… 143
　　11.3　研究中的不足及未来研究展望 …………………………………… 144
参考文献 ……………………………………………………………………… 145
附录 1 ………………………………………………………………………… 158
附录 2 ………………………………………………………………………… 161

第一章 绪 论

1.1 知识经济是知识旅游的时代背景

知识旅游是旅游发展到知识经济时代的主流趋势。

知识经济是以知识为基础的经济（knowledge-based economy），是经济合作与发展组织（OECD）于1996年提出来的，其理论根源则可以追溯到1962年。

1962年，美国学者马克卢普（Fritz Machlup）出版了《美国的知识生产与分配》，他根据二战后美国的社会生产发展和产业结构变化，提出了"知识产业"的概念，详细分析和论证了知识在经济发展中的作用，从而引发了人们对知识经济这一新的经济形态进行深入的研究。

知识经济最本质的特征是：知识作为生产的投入要素，其作用已经超过了劳动力和资本这两个传统的生产要素，成为经济增长的关键。因而有学者将知识经济定义为：以智力资源的占有、投入和配置，知识产品的产生（生产）、传播（分配）和使用（消费）为最重要因素的经济[1]。

1.1.1 知识经济时代旅游发展前景

知识经济时代伴随着交通和信息技术的不断进步，旅游活动持续增长，成为引人瞩目的社会现象，也是世界上规模最大、发展势头最强的产业。世界旅游组织的官方统计资料显示，国际旅游者的数量从1950年的2500万（25 million）迅速增加到了2005年的8.06亿人次（806 million），年平均增长率达到了6.5%。在此期间，亚洲和太平洋地区表现出强劲的增长趋势，年平均增长率达到了13%[2]。

其中，东亚和太平洋地区成为明显的增长极，世界旅游组织曾预测，2010年会超过美洲，2020年将以明显优势位居第二。按照世界旅游组织的预测，到2020年中国会成为世界第一大旅游接待国和第四大旅游出境国，如图1-1所示。

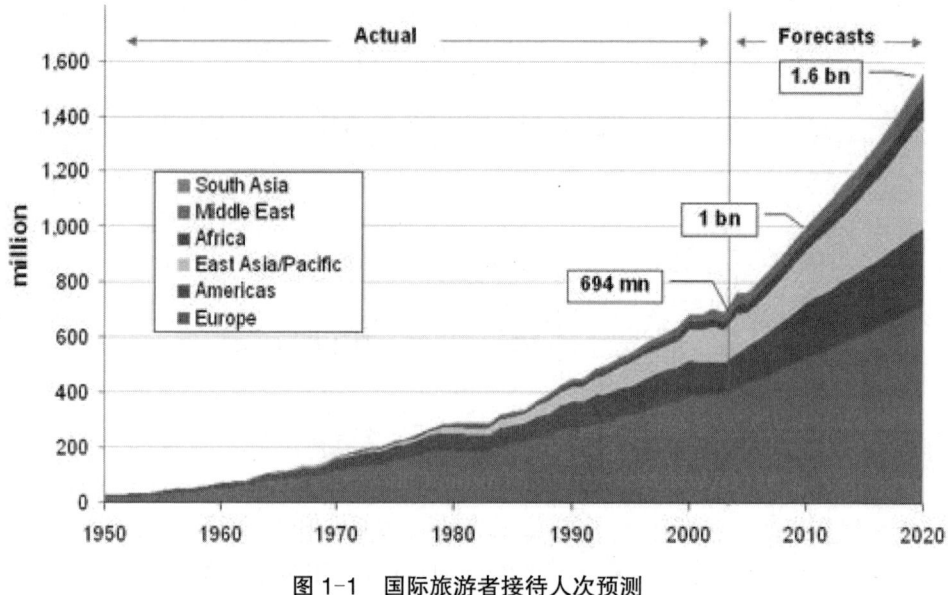

图1-1 国际旅游者接待人次预测

资料来源：World Tourism Organization（UNWTO）官方网站。

知识经济的发展，使得人们的收入和闲暇时间增多，不仅更多的人参与到旅游活动中来，而且旅游者旅游的路途也更远。世界旅游组织的预测表明2020年国际旅游接待人次将接近16亿（1.6 billion），见图1-1，其中洲际旅游为12亿（1.2 billion）人次，长途旅游为3.78亿（378 million）人次，世界范围内的长途旅游（Long-haul travel）会增长迅速，在1995—2020年间以年平均5.4%的速度增长。旅游在知识经济时代成为人类社会主要的生活方式和社会活动，将有更多的发展机会和巨大的发展空间。

而实际旅游业的发展也恰如世界旅游组织的预测，在2019年国际旅游接待人次接近15亿（1.46 billion），见图1-2，东亚和太平洋地区已经显著超过美洲，以明显优势位居第二。2019年，我国居民出境人数达1.69亿人次，位居世界第一；居民国际旅游支出占全球旅游总支出的近五分之一[3]。

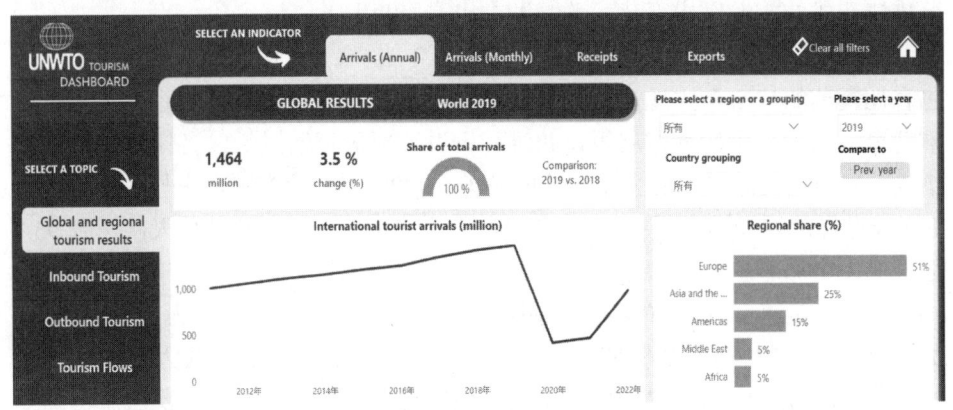

图 1-2　国际旅游者接待人次统计

资料来源：World Tourism Organization（UNWTO）官方网站。

然而，旅游产业的脆弱性却给所有人上了一课。2020 年新冠疫情席卷全球，对社会发展和经济生活造成强大冲击，而作为高度依赖人员自由流动、位置连通性和目的地可达性的产业，旅游业遭受全面重创[4]。联合国世界旅游组织数据显示，2020 年，新冠疫情造成了 1.3 万亿美元的损失，国际游客人数较 2019 年减少了 74%[5]。

新冠疫情是典型的"黑天鹅"事件，给世界各国的旅游业带来连锁性重大影响，不仅经济损失严重，更使得旅游需求发生了变化。旅游者更倾向于避开热门旅游目的地，去往相对不太拥挤的小众旅游目的地以降低感染风险[6]。从旅游范围来看，出游空间表现出明显的短程性和行政区划性，距离客源市场较近的休闲度假产品逐步向生活化转型[7]。从旅游类型来看，相较于城市旅游目的地，更加安全和自由的乡村旅游与生态旅游目的地更受旅游者欢迎[8,9]。长期而言，一部分短期适应行为或将演化为长期旅游行为。例如，独自旅游、小规模团体旅游以及康养旅游等将会在我国旅游市场日益普及，虚拟旅游和慢节奏旅游等新的旅游形式将引领未来的旅游活动[10]。

作为二战以来人类社会所面临的一次最大挑战，新冠疫情促使人们对生命价值、存在意义、生存方式等问题进行深入思考。经历此次新冠疫情之后，作为"异地身心自由体验"的旅游，其内涵和形式将会发生哪些变化？人类如何通过旅游达到"诗意地栖居"？如何在寻寻觅觅的"追寻"过程中，重新学会"诗意地栖居"，并努力实现身心的自由和自觉践行人地关系的和谐？可以说，新冠疫情造成的旅游需求变化，既是冲击也是契机[11]。

第76届联合国大会组织召开高级别辩论会，聚焦"将可持续旅游置于全球包容性复苏的核心"主题，就如何通过促进旅游业恢复发展，增进人类福祉、推动经济繁荣与可持续发展等议题进行研讨。新冠疫情过后，各国都积极采取措施，发布相关政策，助力旅游业的复苏。2023年世界旅游合作与发展大会发布的《世界旅游城市发展报告（2022）》显示，2022年全球旅游总人次达到95.7亿人次，全球旅游总收入达到4.6万亿美元，分别恢复至2019年的66.1%和79.6%[12]。伴随着我国防疫政策优化，国内旅游业更是呈现出喜人的复苏迹象。数据显示，2023年春节假期，全国国内旅游人次和国内旅游收入分别恢复至2019年同期的88.6%和73.1%。比这组数据更令人欣喜的是，此次旅游市场复苏是多方面的：游客出游动机更加多元；中远程旅游比例显著提高。我国春节旅游市场的回暖乃至局部地区的火爆着实令人振奋，甚至在一定程度上超出了人们预期。在国内旅游率先复苏的同时，与出境游密切相关的签证签注政策和团队业务许可等陆续恢复，出境旅游也成为关注热点[13]。

旅游业的迅速恢复，与知识经济的时代背景有直接的关系，经历了严峻考验，在知识经济时代呈现更加多元化、智能化、个性化、体验化、融合化的特点。

1.1.2　知识经济时代旅游成为知识产业

任何一种产业，其特征都表现在经济维度上，通过产业运行实现产品交换是其最根本的特征。1977年美国经济学家马克·波拉特沿着传统的产业划分方法的思路，在《知识经济报告》中，将国民经济划分为农业、工业、服务业、信息业，提出了"四产业划分法"。按照这种划分方法，旅游业应该属于第三产业。但是随着现代信息产业的迅猛发展、计算机通信技术的革新和"信息高速公路"的连接，传统思维的局限性逐渐明显，以往产业划分是从便于统计的角度，对全社会的经济活动加以分类，有利于对经济生活进行测度与评估。知识经济的到来进一步推动了市场化的深入，市场化的深入使人们的经济生活越来越互相依赖，越来越联系紧密。

旅游业的发展越来越依赖信息产业是有目共睹的。不仅如此，旅游业也并不是完全独立于工业、农业之外的。旅游产业与工业、农业是互为依托、相互促进的发展关系。作为新的产业形式，旅游产业已经在推动工农业乃至国民经济产业结构演进升级；反之，工农业又是旅游产业产生、发展的基础和物质依托。

例如，观光农业是为满足人们对精神和物质需求而开展的可吸引游客前来观、赏、习、品、考、书、画、摄、购的农业，是旅游业与农业之间交叉性的新兴产业。它既可以让游客体验农业生产劳动与农民生活，享用农业成果，利用田园休憩健身；又可以加强农业深层次开发，从而促进当地绿色产业的发展。而工业旅游，这种发源于浪漫之都法国的旅游形式不仅仅是工业和旅游的简单叠加，更是两种文化的交融，将现代工业的巨大魅力渗透到旅游的诸多要素中，展示工业文明。工业旅游参观的是科技，是新世纪最先进的科技，最直接的生产力。它一般是由工业生产过程、工厂风貌、工人工作生活场景、工业景观等构成，跟普通的观光旅游相比，更具现场感、参与性和动感。

服务业中的交通运输、娱乐、餐饮等行业和旅游业的联系就更为紧密，很多学者都将其一并划入广义的旅游业中。

由此可见，知识经济时代的旅游有着边界模糊外延扩张的趋势，原因是旅游活动需要其他相关部门的知识。知识经济时代的制造业和服务业逐步一体化，提供知识和信息服务成为社会经济活动的主流。产业的边界变得模糊起来，正如维娜·艾莉在《知识的进化》中所说："每一产业都是知识产业。"

1.1.3 知识经济时代旅游知识化

知识经济相比于工业经济能够更大程度地解放人类，使人们用于满足生存需要的劳动时间大大减少，留下更多时间用于自我发展。旅游是满足人类发展需求的活动，也是对自身人力资本的投资。我国为增强和彰显文化自信，提高国家文化软实力和中华文化影响力，推动文化事业、文化产业和旅游业融合发展，2018年3月，中华人民共和国文化和旅游部成立，将文化部、国家旅游局的职责整合。

读万卷书，行万里路。无论中外，旅游活动自诞生之初就具有重要的实践育人价值。进入大众旅游时代，追求审美、精神愉悦和自我发展的旅游活动，逐渐被娱乐化、规模化、功利化的旅游产业所取代，旅游活动的实践育人价值日渐式微，成为旅游产业幕布下"被隐藏的巨人"[14]。

知识经济时代旅游与知识联系紧密，呈现以下变化趋势。

1. 目标市场的知识化

随着信息和网络技术日新月异的发展，旅游者群体可以通过各种高科技手段获取有关旅游目的地的信息，也因受教育水平的提高和终身学习理念的普及，旅游者对知识的需求向更深和更广的层次发展。

逛一天知识点满满的博物馆、游一次精美新奇的花灯会、观一场名家大腕的话剧演出……如今，来一趟"有文化"的旅游成为不少人的出行选择，在行万里路中体验各地的悠久历史和独特文化。以文塑旅，以旅彰文，文化元素为旅游增添底蕴，让"诗"与"远方"交相辉映[15]。

随着人民生活水平的提高和知识层次的提升，人们越来越注重精神文化方面的修养，旅游需求也更加多样化、个性化。

2. 从业人员的知识化

知识经济时代重视知识和学习，旅游组织的发展也要依赖员工知识技能的不断提高，旅游企业员工在组织内外环境的影响下，会努力、自主地追求知识并创造知识。

3. 服务手段的知识化

信息产业的发展，推动了各种管理信息系统在旅游产业中的应用，提高了效率，增加了效益，目前已经广泛应用的系统有旅游业宏观管理信息系统、中央预订系统、物业管理系统、旅行社业务信息管理系统、旅游目的地信息系统等，大大提高了旅游各部门的管理和服务能力[16]。

随着数字技术的快速发展，高科技给消费者带来更多样化、立体化的旅游体验，也让越来越多的人意识到数字赋能的重要性。智慧文旅平台几乎涵盖了"吃住行游购娱"旅游全过程，集成了各类文旅资源及服务资讯，让游客真正实现"一部手机畅游"旅游目的地。这也正是科技力量和文旅融合的硕果。只有不断创新旅游服务，充分利用新兴科技，培养能够应用新技术的人才，从行程规划到产品预订，再到智能参观等方面应用数字技术，才能持续提升旅游体验感，带来更多的沉浸式体验，让游客看到不一样的风景，真正实现数字赋能，推动文旅融合创新发展[17]。

知识经济时代旅游活动的主体，或者说旅游产品的消费者受教育水平的提高、旅游经验的丰富，他们对旅游产品本身的知识含量以及产品提供者的服务水平都提出了更高的要求。旅游活动时时处处、方方面面都与知识密切相关，旅游充满知识特色，从本质上来讲旅游经济是知识经济，至少是最适应知识经济发展的行业[18]，知识旅游堪称最能顺应时代潮流，最能够代表旅游时代特征的称谓。

1.1.4　对知识经济时代的旅游研究不足

在知识经济时代，旅游活动持续发展的情况下，讨论知识经济对旅游影响的研究相对于现实而言门庭冷落。在中国知网以"知识经济"并含"旅游"为关键词进行检索，仅有32篇文章。学者们探讨了旅游业应对知识经济的挑战所作出的管理和运作模式上的改变[19-24]多着眼于宏观的、介绍性的论述，对于旅游活动的主体——旅游者，以及构成旅游产业的各类组织中知识管理的深入分析却缺乏相应的关注。而认识与发展知识经济的基点则恰恰是在组织层面，因为知识经济的框架是建立在知识型组织的诞生、成长与普及基础上的。因此，对知识经济时代的旅游研究也应该立足于旅游组织的层面，将知识看作旅游组织中最有价值的经营资源、财富和核心竞争力，将知识创造和知识管理当作研究的主要问题。也就是说，对知识经济时代的旅游研究应当通过知识管理摆脱空泛的宏观论述，应落实在可操作的层面。

1.2 知识管理是知识旅游的理论背景

1.2.1 知识管理理论研究综述

知识管理（Knowledge Management）是在知识经济时代各级组织以知识作为最有价值的资源，培育核心竞争力的重要举措，是战略管理理论中资源基础论的产物[25]。

资源基础论认为企业的竞争力是建立在企业拥有的特殊资源、资产和技术基础上的，对这些资源的最大化利用能够带来竞争优势。1990 年普拉哈拉德（Prahalad）和哈默尔（Gary Hamel）在《哈佛商业评论》上发表了《企业核心能力》（The Core Competence of the Corporation）一文，标志着以资源为基础的核心竞争力理论形成。该学派指出企业战略管理理论分析的重点应该在于企业内外部环境的匹配，企业应该注重内部资源和能力的培养。在企业的众多资源中，知识被认为是能够提供可持续竞争优势的重要资源。根据普拉哈拉德和哈默尔的定义，核心竞争力（Core Competence）就是"组织中的积累性学识"。美国麦肯锡咨询公司也认为，"核心竞争力是企业内部一系列互补的技能和知识的结合"。这些定义指出了核心竞争力的知识性，不仅包含知识的实体性和静态性，而且强调学习，突出了知识的动态性特征。正如彼得·德鲁克 1995 年提出的"知识已经成为关键的经济资源，而且是竞争优势的主导性来源，甚至可能是唯一的来源"。

20 世纪 90 年代初，知识经济在全球范围内被认识和重视，以美国学者彼得·圣吉（Peter Singe）《第五项修炼》的出版为标志，创建学习型组织成为企业管理研究的重点。在社会经济和技术的推动下，知识在整个社会生活中的重要性越来越显著，知识管理的研究与实践得到了迅速发展，不仅成为企业管理的热点研究领域，也受到来自社会学、经济学、心理学等学科的学者的关注。

由于研究视角的差异，形成了不同的知识管理学派，主要有技术学派、行为学派和综合学派。

技术学派认为，知识管理就是信息管理的高级阶段，把研究的重点集中于技术的层面，如计算机信息管理系统、人工智能、群件、知识库等软件的设计和开发，从知识的编码、发送、传播、接收到解码的过程对知识传播的机理进行研究。目前微软、思爱普（SAP）等公司已经推出了知识管理的应用软件。

行为学派认为，知识管理就是对人的管理，这个领域的研究者一般都有哲学、社会学、心理学等学科的教育背景。研究的重点在于对个体行为的评估、测量、激励等过程。

综合学派试图将各种学派兼收并蓄、融会贯通。该学派的专家既对信息技术有很好的理解和把握，又有着丰富的经济学和管理学知识。由于综合学派能用系统全面的观点研究知识管理，所以较广泛地被业界接受。

目前各学派对知识管理虽然没有形成一个统一的定义，但都把知识作为一种特殊的有价值的资源。而这种特殊的知识资源只有在组织内获得广泛的传播、共享和转化才能发挥最大效益，知识共享和转化过程本身就蕴含了知识的创新。可以说知识的共享和转化既是知识管理的基本过程，又是知识管理的目标所在。国内外学者对知识转化的研究主要集中于对知识转化模式的分析，其中最为著名的是日本学者野中郁次郎的 SECI 模型。

《知识管理与组织设计》是我国出版的第一部介绍知识管理的著作。由此开始，国内学者对知识管理的研究不断升温[26]。

有学者通过构建结构方程模型，探索了社会互动动机在知识团队中隐性知识向显性知识转移的社会化过程的影响[27]。有学者对科研团队与个体知识共享展开了跨层次分析，结果显示，个人动机和科研团队组织认同对个体的显性知识和隐性知识共享行为都产生正向影响，其中个人动机的影响作用更为显著[28]。

1.2.2　知识管理与旅游

知识管理理论在日本、美国等发达国家成为热点研究领域后，在我国也受到众多专家学者的重视，但研究者的目光多集中在高科技、信息技术行业的管理方面。旅游业界的从业人员在提到知识管理时，往往有"事不关己"的感觉，即使旅游研究的学者也有相当多的人认为知识创新应该是高科技行业的管理特色，对于旅游组织没有什么实际意义。在这种意识的影响下，对于旅游的知识管理研究很少有学者涉足，通过中国知网以"知识管理"并含"旅游"为关键词的检索发现，2010 年相关文章只有 13 篇。在旅游组织层面展开的知识管理理论和实证研究几乎空白，即使十三年后的检索仍然只有 281 条结果，其中仅 20%涉及了旅游业中的知识管理。例如，针对旅游资源丰富的山西省在文旅融合方面存在的问题，以知识管理的理念和运作体系为基础，寻求解决路径[29]；研究农民乡村旅游隐性知识和显性知识的获取和转化过程[30]。可见，这方面的研究依然相对薄弱。

旅游行业在接纳知识管理观念方面所表现出的迟缓，不仅是缺乏相关研究者的推动，更是一种"敌意的"知识吸纳环境[31]。或者是囿于传统知识观念的限制，推崇科学知识的话语权，而将"非客观的""个人的""经验的"排除在知识范围之外。

知识管理就是要创造一种机制和氛围，使组织成员及组织的知识创新能力能够最大限度地发挥出来。这对于任何组织而言都有积极的现实意义，尤其是对以满足人们精神需求为主的旅游活动，对知识管理理论的理解和应用，不仅能对旅游组织的发展有利，而且能够促使旅游业更加内省，也更有可持续性。

1.2.3 知识旅游的提出

国外学者虽然已经将知识管理理论应用在旅游研究中，但尚未使用"知识旅游"这一能够体现时代特色，并代表旅游活动发展趋势的概念。

国内文献中仅有 3 篇提到了"知识旅游"一词。

首先提出"知识旅游"的是我国学者何小庭 1986 年发表于《旅游论坛》上的文章《浅谈知识旅游》[32]，并概括"是以旅游活动为手段（或称方式），以求知欲为心理基础，以获取文化科学知识为主要目的的旅游活动"。

也有学者将知识旅游定义为：通过组织开展旅游活动给游客以综合的或某一专门的知识并帮助和鼓励旅游者通过自身旅游行为去获取与钻研知识的一种旅游形式，并认为知识旅游有"时效性（科学性）显著""创新性"和"知识产权性"的特点[33]。

在他们的定义中显然偏重对文化科学知识的获取，或者对知识的含义采用的是较为传统的、狭义的观念。

吴美萍在《知识旅游的初步探讨》一文中，将知识管理理论与知识旅游联系起来[34]，对知识旅游的管理研究有着重要的意义，但对在旅游组织中如何推动知识管理的具体路径，3 篇文章都没有涉及。

综上所述，对于知识旅游的研究可以说仅仅处于萌芽状态。但在知识经济时代，旅游成为人们重要的求知渠道却是不争的事实，正如美国学者约翰·凯利在《走向自由——休闲社会学新论》中提出,"在休闲中学习"将成为人的重要生活需求,也是个人发展的需要。

可以说,知识旅游是旅游发展到知识经济时代的主流趋势,对知识旅游的研究势在必行。

1.3 研究目标及选题意义

1.3.1 研究目标

在知识管理理论指导下,构建知识旅游的理论体系,并分析其关键概念的内涵。具体而言,本书主要实现以下目标:

1. 提出知识旅游的概念,并阐述其深刻含义。
2. 建立知识旅游管理的概念体系。
3. 通过建立模型和实证数据分析使得知识旅游管理的核心知识转化为能够落实到操作层面的举措。
4. 对实地考察和经验研究资料进行归纳,总结地质公园的知识旅游特色,并以翠华山地质公园为例,具体分析开展知识旅游促进知识转化的实施策略。

1.3.2 选题的意义

1. 理论意义

旅游活动深受社会经济发展的影响,因此会具有明显的时代特征。在知识经济时代,旅游活动有了更为浓厚的知识色彩。知识成为决定旅游组织成败的关键资源,对知识的管理既是知识经济时代的需要,也是旅游发展的需要。因此对知识管理理论的引用,已经成为知识经济时代旅游管理的迫切之举。而对知识经济时代旅游活动主流趋势的本质特点的认识,有着重要的理论意义。

2. 实践意义

知识旅游管理的核心问题是如何促进旅游组织内外部的知识转化,本书按照理论提出—实证验证—对策模式的顺序,在理论分析的基础上,提出研究假设,并通过实证调查分析进行验证,探索影响组织内部知识转化的关键变量,并借用具体案例分析组织外部知识转化的途径,从而能够在实践中指导旅游组织通过促进知识转化实施知识管理,以顺应知识旅游发展的需要。

1.4 研究内容及资料来源

1.4.1 研究内容

本书以理论研究为基础，初步提出了"知识旅游"的理论建构，进而通过实证研究探索推进旅游组织知识转化的实施路径，并以实地考察的地质公园为案例研究具体推进知识旅游的策略，其结论为相关理论的进一步研究提供了新思路，也将知识旅游的理论落在可操作的实践层面。本书的研究内容共十一章，分为三个部分，研究思路和主要内容体现在：

第一部分为知识旅游的理论建构：

第一章、第二章通过对以往涉及知识经济时代旅游分散、疏离的论述，以知识旅游这一核心理念为线索，将相关研究组织起来初步构建了知识旅游的理论框架，指出知识旅游是旅游发展到知识经济时代的主流趋势，是在后现代知识观的指导下，全面、科学、动态地利用一切资源，通过促进知识转化开发高知识含量的旅游产品，引领并满足旅游者高层次的需求，寓学于游、寓教于乐，体现旅游的教育功能的旅游形式，并在归纳知识旅游概念的基础上，对其含义进行阐释。

第三章分析了知识旅游管理的核心是促进知识转化，需要通过对人的管理来实现，进而在补充和完善了有关"知识人"的人性假设论述基础之上，提出对旅游组织中知识型员工的管理应该着眼于关注员工的积极力量开发，以充分发挥人的优势促进组织内部知识的转化和创造，分析了知识旅游管理的概念体系，并提出了知识旅游管理的"黑盒子"问题。

第四章基于"知识人"假设，给出知识旅游者的概念，根据旅游者是否具有主动的求知意识和是否有外显的学习行为两个维度将其分为四种类型，参照已经出现的先锋群体总结了知识旅游者的行为特征。本研究首次提出了知识旅游产品的概念，强调知识旅游产品是旅游组织内部知识转化和创造产生的结果，是旅游组织中知识型员工为旅游者提供的，供旅游者使用或消费的产品，也是旅游组织和旅游者进行知识交流和知识转化的中介，旅游组织外部知识转化的重点。

第二部分是对知识旅游管理实施路径的实证探索：

第五章和第六章是对旅游组织内部知识转化的研究，通过对知识旅游管理的探讨指出知识管理以人为本，从而引入积极组织行为学的关键变量心理资本和组织认同，在相关研究综述的基础上，提出假设，并通过对旅游景区实地调查数据的整理分析，对假设进行验证。结果表明，旅游景区员工心理资本由韧性、自我效能、乐观和希望四个重要维度构成，这四种积极心理状态都对知识转化变量有着显著正向影响。组织认同也对知识转化变量有积极影响，从而提出了通过对旅游组织员工心理资本进行积极干预和提高员工的组织认同感以促进旅游组织知识转化的方向和策略。

第三部分以地质公园为平台开展知识旅游的实施对策研究：

我国目前正处在知识旅游的初级阶段。知识旅游的趋势初见端倪，地质公园在各类景区中以强调地质遗迹保护和科研科普活动为特色，符合知识旅游的理念，也是开展知识旅游的理想场所。由于地质公园的开发和建设自始至终都要投入大量专业智力资源，所以其本身也是典型的知识旅游产品。

第七章通过对众多地质公园和地质遗迹景观区的地质遗迹景观的实地考察提出地质遗迹景观蕴含丰富的环境信息，涉及众多学科知识，故而需要从形态、时空和理念三个层次进行深入的研究，实现地质公园的科普教育功能，促进知识旅游活动的展开。而地质公园保护地质遗迹、开展科研科普活动加深游客体验的目的都需要依赖其解说系统实现。景区的解说系统既是旅游组织和旅游者之间知识转化的重要渠道，也是最有特色的知识旅游产品。

第八章通过具体调查，分析游客对地质公园解说的需求。研究发现，游客对地质公园的人员解说有着较高的需求；在解说主题上偏好地质景观成因和动植物知识；年龄、受教育程度和职业都对解说主题的偏好有显著影响；重游的游客在地质景观成因、动植物知识和历史典故方面的需求有明显的增加，从而有针对性地提出了改进地质公园解说系统，促进开展知识旅游的建议。解说服务是由地质公园的组织成员提供，其品质的提升取决于知识型员工的知识转化。

第九章借助知识旅游管理实施路径研究的结论应用于陕西省第一个世界地质公园的核心园区——翠华山地质公园，根据该公园员工的具体情况，从提升员工心理资本和组织认同的角度提出了地质公园推动知识旅游的相关对策。第十章介绍了丹霞山世界地质公园的知识旅游发展。第十一章对本研究进行了总结，提出本研究的创新点和不足以及未来研究方向。

本研究框架如图 1-3 所示。

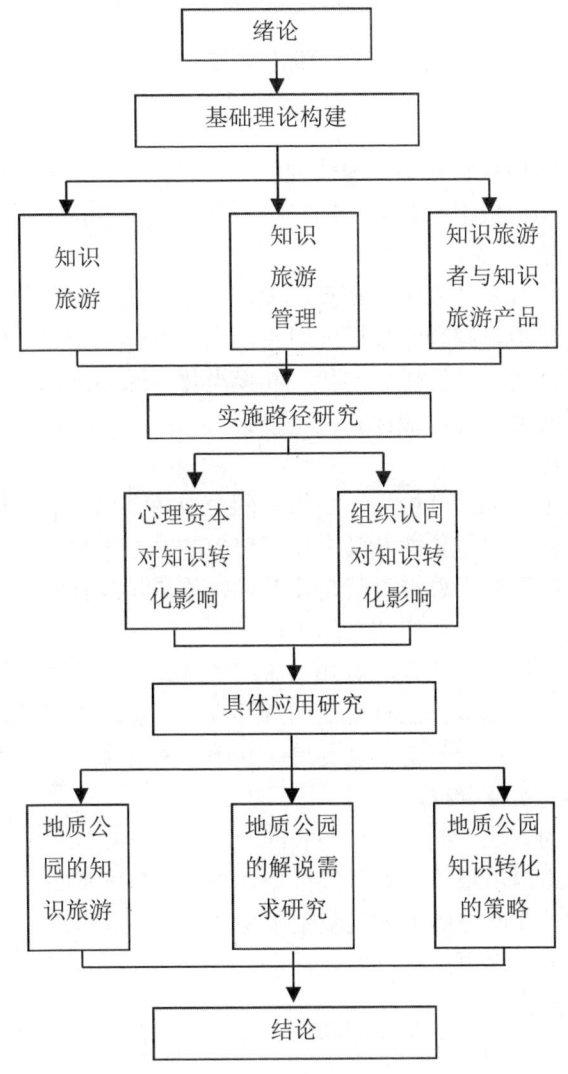

图 1-3 本研究框架

1.4.2　资料来源

本研究所采用和参考的资料主要为理论文献资料、实地调查资料和统计资料三大类，研究中以实证调查资料为主，宏观统计资料为辅。

1.5 主要研究方法

鉴于本研究的特点和旅游管理研究的多学科交叉性，本书在研究方法上突出知识管理理论和积极组织行为学的指导与应用，主要使用了以下研究方法：

1. 系统分析法

所谓系统分析就是从系统的观点出发，着眼于整体与部分、整体与环境的相互联系和相互作用，综合考察研究对象，求得整体功能最佳的科学方法，其突出的特点为整体化、最优化、定量化和模型化，因为知识旅游作为一种旅游组织发展战略需要追求整体最优。

2. 比较分析法

比较分析法也称类比分析法，是指将两个或两个以上的事物加以对比，找到它们之间的相似性与差异性，其中相互比较的对象需要具有可比性。在对知识旅游者的行为特征进行总结时就是比对传统旅游者进行的。

3. 定性分析和定量分析相结合的方法

本研究使用定性分析的方法对知识旅游的理论进行梳理和构建，在概念和原则上提出界定。在此基础上对实证调查所收集的资料进行数理统计分析，从定量研究上对定性分析的理论予以支持。其中，第五章、第六章、第八章都是对具体调查资料的实证分析。

4. 模型分析的方法

根据研究思路提出整体概念研究模型，并确定研究的主要相关变量，进而确定研究对象，并在此基础上通过数量模型加以验证和分析。这种方法使本研究的思路更加清晰，也更具有可操作性。

5. 实地调查的方法

本研究的特点决定了必须使用第一手的实地调查资料对特定的问题进行有效的分析。为了更全面深入地掌握资料，笔者在 2006—2010 年，跟随导师考察了多处地质公园和地质遗迹景观区，并通过研究不断发现问题，进行特定研究内容的实地访谈和问卷调查。博士毕业之后仍继续关注知识旅游的发展，考察了很多各种级别的地质公园，其中丹霞山世界地质公园的知识旅游发展颇具代表性。这些实地调研使本书获得了大量珍贵的第一手资料。

第二章 知识旅游

知识旅游是旅游发展到知识经济时代的主流趋势,是在后现代知识观的指导下,更全面、科学、动态地利用一切资源,通过促进知识转化开发高知识含量的旅游产品,引领并满足旅游者高层次的需求,寓学于游、寓教于乐,体现旅游的教育功能的旅游形式。

知识旅游是一种理念,绝不仅仅是在旅游的类型中增添一个新名词而已。知识旅游并不等同于"文化旅游""历史旅游"或"环境旅游",而是在一个更加开放、动态的知识观指导下,对旅游认识的一种深化。

知识旅游也是一种趋势,在旅游活动发展的历史长河中早有涓涓细流,尽管目前仍未汇成江河,但是随着知识经济时代的推进,必会逐渐形成大江东去之势。

知识旅游还是一种战略,强调重视知识这种旅游组织中最珍贵的资源,通过促进知识转化,创造知识产品,培养核心竞争力,从而获得竞争优势。

知识旅游是一种新的旅游理念,是知识经济时代旅游的重要特征和发展趋势。知识旅游是满足大众旅游需求的变化,适应人们生态价值观的转变,谋求旅游可持续发展的必然结果,它具有责任性、和谐性、生态性、可持续性等特点。

2.1 知识旅游基于后现代知识观

知识旅游首先涉及一个非常古老且到目前尚无确切答案的问题:"什么是知识?"

关于"知识"的探讨,一直是哲学和知识论的中心问题[35]。美国社会学家贝尔(Bell)指出,出于不同的目的,知识定义会有所不同[36]。知识是一个复杂的历史范畴,其含义自古至今不断变化。《现代汉语词典》中的解释是:"知识是人们在改造世界的实践中所获得的认识和经验的总和。"《牛津高阶英语词典》中的解释为:"知识是个人经由教育或亲身体验而获得的信息、理解和技能。"

可见，人们对知识的看法和理解随着时代的发展、社会的变化而不断演进，到现在仍无法用一个简单的定义来描述它，并把它与其他事物划清界限。

2.1.1 知识观的发展

知识观是指人们关于知识的总体看法和认识，是关于知识的定义、类型、获得等问题的观点汇总，是对人类认识成果的再认知。按照西方社会对思想发展史的分期，知识观可相应划分为古典知识观、现代知识观和后现代知识观。

1. 古典知识观

对知识的探究在古希腊就已经开始了，古希腊哲学家苏格拉底提出了"美德即知识"的命题，我国古代思想家孔子也指出"知、仁、勇三者，天下之达德也"，将"知"纳入其道德规范体系之中，并推为通行天下的品德。由此可见，东西方先哲不约而同将知识与道德伦理相互联系，对知识的讨论主要集中于知识的起源与本质上。

2. 现代知识观

从文艺复兴到20世纪上半叶，随着自然科学的发展和工业文明的兴起，在对古典知识观的审视与批判中，现代知识观得以迅速发展。现代知识观又可以称为科学知识观。现代知识观对于推动自然科学的发展和社会的进步起到了非常重要的作用。以理性为主导的科学知识观，强调知识的客观性、普遍性和价值中立性，并具有明显的功利性。培根的名言"知识就是力量"堪称是对现代知识观的确切反映。

现代知识观对世界各国的人才培养都影响深远，在这种观念的指导下，将发展认知能力作为教学任务的终极目标，情感、意志等因素的发展只是配合认知发展的附属品，德国哲学家狄尔泰称这种教育学为"没有人的教育学"[37]。一系列的教育问题凸显了现代知识观的不足，众多有识之士的反思，催生了后现代知识观。

3. 后现代知识观

后现代主义是20世纪中叶以来形成的一种哲学思潮。后现代主义采取文化批判姿态，消解"宏大叙事"，试图超越现代主义，是积极的、乐观的建设性重构主义。

以利奥塔尔、德里达为代表的哲学家在批判和解构现代主义强调绝对理性、确定性的基础上提倡超越理性，主张世界的多元性、开放性和不确定性。爱因斯坦的相对论、普朗克的量子力学、海森堡的测不准定理也使得以机械、封闭、绝对、确定为标志的现代知识观深受打击。可以形象地说，我们正在由牛顿式的现代主义走向爱因斯坦式的后现代主义。前者以简单、稳定、永恒为特征，后者以复杂、混沌、有限为特征[38]。

从认识论的知识观转向价值论、实践论的知识观，从强调知识的绝对性、客观性、权威性转向强调知识的主观体验和个体对知识意义的动态构建已经成为当代社会的必然[39]。后现代知识观是对现代知识观的反思、批判和超越。但强调后现代知识观并不是彻底推翻现代知识观，而是在传承基础上的创新。

在后现代知识观的视角下，知识已经不再是一种固定不变的、绝对客观的真理，而是一种不确定的、动态建构的、开放的自我调节系统的解释。

2.1.2 知识旅游中"知识"的含义

基于后现代知识观，知识旅游活动中涉及的知识不仅仅是理性的科学知识，也包括个人经过体验而获得的理解。

1. 知识的类型

根据经济合作与发展组织（OECD）《以知识为基础的经济》报告中的划分，知识可分为四种类型：第一类是"知道是什么"（Know-what），是指关于事实方面的知识。例如中国的国土面积，这类知识通常也被称为信息。第二类是"知道为什么"（Know-why），是指那些自然、人类思维和社会运动的规则与规律方面的科学理论，是多数产业中技术与工艺进步的支撑力量。这类知识通常是由专门研究机构如实验室和大学来创造的。第三类是"知道怎样做"（Know-how），是从事实际工作的技艺和能力，掌握这类知识往往是企业发展和保持其优势的诀窍。第四类是"知道是谁"（Know-who），它涉及谁知道什么和谁知道如何做什么的信息，这在社会高度分工的经济中尤为重要。这类知识比任何其他种类的知识都更隐蔽地存在于组织内部。这四类知识的获取途径不同，前两类知识可以通过阅读书籍、查阅数据库、参加讲座等方式获取，后两类知识根植于日常实践中，主要通过实践取得。

以上分类是从知识使用的角度进行的，因而更注重知识的实践性和价值性。日本学者野中郁次郎在其知识管理的论著中为了更深刻地理解知识的含义，并对其进行有效的管理，采用了英国哲学家迈克尔·波兰尼（Michael Polanyi）关于暗默知识和形式知识的区分。这种按知识表述形式的分类方法是知识管理理论得以深入研究的重要基础，也是知识创新理论的根基所在。

（1）形式知识和暗默知识

形式知识是以文字、数字、声音等形式表示的知识，又称可文本化的知识。形式知识可用正式的系统语言来表述，如数学公式、说明书等形式来共享，它容易被"处理"、传递和储存。暗默知识又称隐性知识或缄默知识，属于看不见摸不着的知识，很难被表述出来。暗默知识具有高度个人化、难于形式化的特点。正如迈克尔·波兰尼曾经说过："我们知晓的比我们能说出的多。"暗默知识的代名词可能是主观直觉和预感。暗默知识深深地扎根在个人的行动和切身经验，以及他们所信奉的价值观或情感之中。

（2）暗默知识的重要意义

后现代主义知识观强调知识的多元化，重视无法用语言表达，即只可意会不可言传的暗默知识。形式知识和暗默知识的划分突破了过去人们对知识的认识，将还未经系统化处理的经验类知识给予了认可。在知识管理理论中很重要的一个观点是，暗默知识比明示知识更能创造价值。

严格地讲，暗默知识也包含两个层面，一是"技术"层面，包括非正式和难以明确的技能或手艺，常常可以称之为"秘诀"；二是"认知"层面，包括信念、领悟、理想、价值观、情感及心智模式。尽管这些内容很难表达出来，但暗默知识的这个层面始终影响我们对周围世界的感受方式[40]。

明示知识可以说是冰山的顶端，暗默知识则是隐藏在冰山的底部。暗默知识是智力资本，是给大树提供营养的树根，明示知识是树上结的果实。虽然暗默知识比明示知识难发觉，却是社会财富的主要源泉。现在的企业过多地强调明示知识的短期效果，但是更多地关注和培养职工的暗默知识则有着更为重要的意义。暗默知识持久地、本质地产生成果。从智力资本的意义上讲，我们既需要易于分享的明示（外部）知识，也需要内在的、创造性的、看不见的、只能感觉到的暗默（个人）知识。暗默知识的挖掘和利用能力将成为个人与组织成功的关键。

《道德经》中"天下万物生于有，有生于无"，可以说是对暗默知识重要性的真切描述。这里"无"指无形的非物质的看不见摸不着的，但并不是不存在的。暗默知识看不见摸不着，可意会不可言传，无法用语言描述但又确实存在，是产生知识的智慧源泉。

2. 知识的特性

后现代知识观强调人和知识是相互作用的过程，是动态生成的，因而具有理解性、情境性、文化性和价值性。

（1）知识具有理解性

知识的理解性重在互动和沟通，主张通过平等、真诚、自由的讨论达成共识。知识是流动的，是主体与主体之间的理解与合作，是主体与客体之间的沟通与对话，是充满着动感与活力的流动的思维过程[41]。后现代知识观强调在知识中构建"自我"，知识的质和量都不是最重要的，重要的是人在知识中的感受、经历和发展。追求人在知识环境中的美好体验。

(2) 知识具有情境性

后现代知识观强调不存在普遍适用的纯粹知识，所有的知识都具有局部的、不确定的或情境的特性，这些局部存在的和情境的条件是知识形成的前提，同时也是知识能够被理解的前提。知识既不是对世界的"镜式"反映，也不是对事物本质的"发现"与"揭示"，知识是人们理解事物及其自身关系的一种策略[42]。所以知识存在于实际的情境中，是认识主体与客体互动的过程，不存在脱离特定的境域的知识。"本土知识"或"地方性知识"都有了更重要的意义。

(3) 知识具有文化性

知识与一定历史文化体系中的价值观念、生活方式、意识形态和人生信仰都不可分割，它是文化的而"非客观的"。后现代知识观强调知识不仅是文化的因素，而且是文化的产物，因此知识不可避免地受到其所在历史文化传统的制约，不同文化形态会产生不同知识类型和不同知识体系，任何知识都存在于一定时间、空间、理论范式、价值体系等文化因素之中，其意义不仅由其自身的陈述来表达，更由其所处的整个意义系统来表达[43]。

(4) 知识具有价值性

知识生产总是体现一定历史阶段人们的价值取向，受社会价值需要的引领。在知识经济时代，知识的价值不仅能够促进个人自由和社会发展的工具性、功利性意义，更强调人在获取知识和创造知识的过程中的经历、体验和感受，以及精神的满足和智慧的提升。

2.2 知识旅游是旅游在知识经济时代的主流

2.2.1 知识旅游的渊源

知识旅游既不是刚刚出现，也不是仅存于知识经济时代，它可以追溯至最初的旅游活动，或者可以说，旅游活动一开始就是以求知为目的，就蕴含着知识旅游的雏形。即使在后现代知识观的视角下，知识旅游也有着悠久的历史渊源，一部旅游发展史也是一部知识旅游发展史。

从公元前 8 世纪开始，古埃及、古希腊的宗教节日活动推动了朝圣旅游的兴起，奥林匹斯山作为希腊的宗教圣地，至今仍是众人向往的旅游目的地。宗教作为人类知识的组成部分，使得朝圣旅游本身就具有追求自身完善的求知意义。早期的旅游活动被视为一种有益身心的学习活动。

公元 8 世纪，阿拉伯帝国处于极盛时期，经商和考察旅游受到国家的鼓励。穆罕默德曾经说过："学问虽远在中国，亦当求之。"这堪称是知识旅游的倡导者，而阿拉伯人也成为为了寻求知识而旅游的典型代表。

15—18 世纪的大航海时代也是地理大发现时期，众多的航海家发现新大陆、开辟新航线，并证实了地圆学说，直接促进了航海、造船等技术的发展，也拓展了人类对地球的认识，也是旅游促进知识增长，并进一步改变知识结构的先例。

早期的旅游虽然不能和当代旅游相提并论，但追根溯源，寓学于游，通过旅游以求新知的本质特点则由来已久。

2.2.2 知识旅游在知识经济时代的发展

旅游活动受社会经济发展的影响是学界的共识，虽然知识旅游由来已久，但只有在知识经济时代才具备了大规模发展的条件，并且成为主流趋势。究其原因主要有以下几点。

1. 对知识的深刻认识

人类的经济发展阶段取决对世界的认识，知识经济时代的到来使人们在审视和反思的基础上对知识有了更全面、更深刻的认识，从而形成全社会重视知识的风气。旅游活动的主体受社会价值和自身发展影响更加主动在各种生活形式中获取知识。同时旅游发展中知识因素的投入也起到越来越重要的作用。旅游活动的需求和供给两方面都意识到教育的重要意义。

知识经济不是依靠少数精英就能实现的社会理想，而全社会受教育程度普遍提高，不仅普及中等教育，更要提高接受高等教育的适龄人口比例，并建立终身教育的支持保障系统，为每一个有学习愿望和要求的人提供受教育的机会。随着各国教育事业不断向新的深度和广度发展，越来越多的人对其生活范围以外的地区和国家有了新的了解，从而有了好奇心并促使旅游动机的萌发。而这些求知的萌芽在信息技术的支持下得以茁壮成长。

2. 网络支持

网络支持使得信息获取简单便利，只要知道一个地名就可以很容易得到这个地区丰富多彩、视角各异的介绍，不仅是文字引人入胜，还有众多精美的图片与视频。相比于一个抽象的地名而言，网络提供的信息更为生动、翔实，有诱惑力，更容易令人产生兴趣，并激发人们亲身体验的渴望。而在这些形式知识的基础上，旅游者会有获得更多知识的需求，这种已掌握的知识会激发去掌握更多知识的情况姑且称之为知识的乘数效应，而网络则是知识能够产生乘数效应的有效支持保障。

3. 求知需求的乘数效应

乘数效应是宏观经济学的概念，是指某种变量的变化以乘数加速度方式引起最终量的增加，借用在此处是为了表明求知需求的强大影响。一方面是对个体自身而言的乘数效应。求知是依靠神经系统发挥功能而实现的。人类的神经系统具有强大的自组织性，在发挥其功能的同时可以不断建构和完善自身。知识的增长不仅体现在数量上，而且会直接影响到知识的结构。脑科学研究表明，大脑越用越灵，求知是发挥神经系统作用的过程，会促使系统结构更趋完善，并利于其进一步发挥作用。获取的新知识被已有知识重新组织，然后纳入新的知识系统，从而会对相关的新知识有更为强大的吸纳力。另一方面则是借助网络对更多的人求知需要的影响。例如，一个仅知道普罗旺斯地名的人，如果他想了解有关普罗旺斯的情况，网络提供了最便捷的方法，他能够从网上很容易搜索到丰富的信息。如果通过这些信息解决不了他想了解的问题，那么他还可以提问，而这个问题对于为他提供解答的人而言则又会成为新一轮知识探索的起点。通过网络互动，求知的需要也会以乘数加速度的方式引起连锁反应。网络放大了知识的乘数效应，无形中增加了更多人对知识的需求，也促使旅游目的地提供知识含量更为丰富的产品，以满足大众不断增长的知识需求。

4. 大众旅游的知识含量增高

知识旅游虽然有着悠久的历史渊源，但由于社会发展的条件限制，只是少数具有大无畏精神、强烈开拓进取意识的杰出人物能够实现。对普通大众而言，其中太多的艰难困苦，太多的不确定性令人望而却步。正如二战后工业经济的大发展为大众旅游准备了必要条件一样，知识经济的到来也让知识旅游进入寻常百姓家，知识旅游不再与危险、困难紧密相连，而是可望并且可求。知识旅游在知识经济时代有着明显的大众化趋势，或者说知识经济时代的大众旅游也有着越来越高知识含量，因此知识旅游更能体现知识经济时代旅游主流趋势的本质特征。

2.3 知识旅游凸显旅游的教育职能

《礼记·学记》中有"故君子之于学也，藏焉，修焉，息焉，游焉"。《传习录》是明朝思想家王阳明的代表作，其中蕴含了"知行合一"的思想，古人已将"游"视为个体"学"的重要实践路径。旅游活动能够有效地促进个体地知识生成，实现文化自觉与获得人格自省，这是其内在重要且不可替代的实践育人价值[44]。

在知识经济时代，求知和学习成为生活的必需，作为生活方式之一的旅游活动更凸显了其教育的职能。

2.3.1 知识旅游是终身教育体系的组成部分

随着社会经济的发展，知识的更新速度不断提高，一次性学习和职业培训已经远远不能保证一生受用。知识经济时代要求人们不断主动接受教育和各种训练以适应瞬息万变的环境。在这种趋势下，法国著名教育家保罗·郎格朗（Paul Lengrand）于1965年首先提出"终身教育"（lifelong Education）的理念，抨击了传统教育制度的"闭锁僵硬、一次终结"。他认为，数百年来，把人生分成两半，前半生用于受教育，后半生用于劳动是毫无根据的。一生所需的知识素养仅靠青少年时期去获取的思维方式已经不能适应时代的要求。教育是一个人一生持续学习的过程，它在不同的环境和形式中发生，应当统合社会上各种教育和训练机构，使人们都能根据个人的需要，方便地获得接受教育的机会。

终身教育指明了教育将贯穿人的一生，不仅指整个人生过程，而且"终身这个概念包括教育的一切方面，包括其中的每一件事情，整体大于部分的总和，世界上没有一个非终身而非分割开来的'永恒'的教育部分。换而言之，终身教育并不是一个教育体系，而是建立一个体系的全面的组织所根据的原则，而这个原则又是贯穿在这个体系的每个部分的发展过程之中"[45]。作为人生过程中的旅游活动显然也必须承担起自我完善的教育职能，从而成为终身教育原则指导下的教育体系中的组成部分。

联合国教科文组织专职研究员戴维认为："终身教育应该是个人或诸集团为了自身生活水准的提高，而通过每个个人的一生所经历的一种人性的、社会的、职业的过程。这是在人生的各种阶段及生活领域，以带来启发及向上为目的，并包括全部的'正规的''非正规的'及'不正规的'学习在内的，一种综合和统一的理念"[46]。

知识旅游可以说是一种"非正规的"或"不正规的"教育方式，在追求目标上与终身教育理念相一致，即都是为了追求自身生活水平的提高，不断完善自我。终身教育理念要求"教育体系在教育过程中应当寻求新的伙伴"，知识旅游堪称最佳选择之一。

2.3.2 知识旅游支持终身学习

终身学习概念的提出，一般认为始于埃德加·富尔的《学会生存——教育世界的今天和明天》。1976年联合国教科文组织通过了《关于成人教育发展的报告》，自此终身教育和终身学习往往被相提并论。究其要义，终身学习和终身教育在对人的发展的促进作用方面本质上是一致的，但终身教育更多从社会角度出发，强调教育制度应当全面整合各种可用资源，终身学习则更多从个人角度出发，强调学习的重要性以及拥有终身学习的观念和态度。

终身学习的概念自提出后，受到国际社会的普遍重视，从相关国际会议的主题中可见一斑，如"终身学习——面向未来的战略""学习：（人类的）内在宝库"等。尤其是1994年由欧洲终身学习促进会等组织发起，在罗马举行的"首届世界终身学习会议"所提出的"终身学习是21世纪的生存概念"，强调如果人们没有终身学习的概念，就难以在21世纪生存。将终身学习和人的生存方式联系在一起，指出人的一生都应当把学习当作生存责任，终身在不断学习的过程中。

终身学习在时间上无时不在，在空间上存在于人类生活的所有场所，可以说无所不在。因此，学习场所不局限于传统教育观念中的学校、家庭、文化中心等，"大凡被个人或集团可以加以利用的一切教育设施及资源"都应被包含在内[46]。旅游景区就是环境优美的学习场所。

知识旅游认同终身学习理念，主张旅游活动是在轻松愉悦的氛围中自主学习，尊重旅游者的学习意愿和需求，以旅游者需求为导向的知识服务也凸显了"学终究比教重要，学习者又终究比教育者重要"，强调的是学习者的主体性和自主性。借用旅游服务的原则来总结就是"宾客至上"，以旅游者为主。

终身学习的过程就是一个知识的积累、运用、转化和创造的过程。终身学习的目的在于满足人的自我实现需求。从这一角度来说，知识旅游既是终身学习过程中轻松愉悦的构成阶段，也是实现终身学习的途径之一。

2.3.3　知识旅游推动学习社会的构建

1968年美国学者哈钦斯（Hutchins）在《学习型社会》（The Learning Society）一书中指出，学习型社会除了提供成年人在个人生涯的不同阶段的教育外，更是一种以学习、自我实现、人性发展为目标的社会。他强调学习型社会是"全体成员充分发展自己能力为目标的社会"[47]。从哈钦斯的论述中可见学习型社会一经提出就是和终身教育联系在一起的。"学习型社会是依附终身教育而来的一种理想。在此社会中，提供所有社会成员在一生中的任何时间，均有充分的学习机会。因此，每个人均得以通过学习，充分发展自己的潜能，达成自我目标的实现"[48]。学习型社会的理念将教育责任推广到社会中的每个组织机构，将教育体系扩展到整个社会，将人的生存视为永无止境的完善和学习过程。指出"人是一个未完成的动物,并且只有通过经常地学习,才能完善他自己"[49]。

20世纪70年代以来,迈向学习型社会已经成为世界主导性的教育思潮。各国相继展开终身教育、终身学习和学习型社会的理论研究与实践探索。

正如欧盟发表于1995年的白皮书《教与学:迈向学习型社会》所言,学习型社会是一个为教育和学习而充分动员的社会,各种社会组织和机构都承担起提供教育机会的职能。在建设学习型社会的进程中,欧盟提出了一些作为政策推动的引导途径,包括:促进知识的获得,促进学校和企业界的紧密结合,兼顾资本投入和人力训练投资等方面。

这些推动学习型社会的策略和知识旅游所倡导的理念是完全符合的。知识旅游就是要努力为旅游者提供广泛的学习机会,协助旅游者运用灵活的方法在多样化的学习场所中获得新知识,作为一种促进知识的获得途径推动学习型社会的构建。

知识旅游活动本身可以看作是知识旅游者为了自我提升而进行的一种自我教育和主动学习,也就是对自身的人力资本投资。知识旅游强调对组织人力资源的重视和提升,重视组织内的教育训练和知识转化及创新,是另一种渠道的人力资本投资。也就是说,知识旅游能够从消费者和生产者双向渠道对整个社会的人力资本进行提升。

综上所述,知识旅游能够从促进知识的获得、注重产学合作和人力资本的投资等方面,推动学习型社会的构建。

2.4 知识旅游的可持续性

可持续发展的概念起源于生态学,联合国教科文组织于20世纪80年代提出:可持续发展就是当代要留给下一代不少于自己的可利用资源。知识旅游通过加大知识要素的投入,更科学合理地利用现有资源开发高知识含量的旅游产品,在减少能源消耗的同时帮助旅游者获取求知的愉悦。

2.4.1 知识的边际报酬递增特性

开展知识旅游,在旅游组织方面是通过知识要素的投入,发挥人类的潜力以更好的保护和利用资源,创造知识旅游产品。人的智力资源取之不尽,人的知识创新用之不竭。不同于传统经济学的收益递减规律,在以智力资源为主要生产要素的知识经济中,知识产出的收益是递增的。

大多数资源的价值都会在使用中不断下降,唯独知识不同,取之不尽是知识的本质特征之一。知识在使用过程中不仅不会消耗，而且还会增值。这种增值来源于：

其一，知识被越来越多的人所使用，知识的效用会得到更多的展现。知识会因为更多人的共享而形成行为准则，使其增值。

其二，在知识使用中获益的同时，使用者不断总结自己的实践经验，形成新的可以传播的知识，于是知识库被更多的使用者修正、充实和丰富，不断赋予知识新的内容，也会使其增值。

2.4.2 游客的求知需求维持知识旅游

知识旅游以广阔的社会和自然界为课堂，读一本尚未写成文字的无比丰富、无比生动的"百科全书"。知识旅游是一种学习方式。"读万卷书，行万里路"，将读书与游历相提并论，可见在我国古代学者的观念中，读书和行路是求知的两种途径，在知识的积累上是相辅相成的，殊途同归。旅游者通过游历更广阔的空间，开阔了眼界，使其能够以更全面的视角看待自然和人类社会，一方面获得了新知识，另一方面由于知识结构的不断调整而对原有知识的理解更加深入。知识经济时代人们往往把促进自我的发展和完善以及取得事业成功作为衡量知识价值的重要标准[50]。在不同的时空中获得的信息和感受是非常个人的，是其暗默知识的重要组成，对其自身发展具有重要意义，同时也是产生新知识的智慧源泉。

知识旅游是旅游者的求知需求通过旅游实现，可以简单理解为"旅游为用，求知为体"，其根本的推动因素是人的求知欲和自我完善的本能。而人的求知需求是无限的，因此会推动知识旅游的持续发展。

2.4.3 知识旅游关注环境

美好的环境是旅游活动开展的保障条件，正是对环境的负面影响的反思，知识旅游特别关注环境保护，不仅关注景区内部的自然环境，对景区周边环境也给予更多的重视。开展知识旅游的目的在于引导游客从环境中获得知识和美好的体验，尽可能减少对环境的负面影响。生态旅游可以描述为：除了照片什么也别带走，除了脚印什么也别留下；那么知识旅游可以表述为：除了照片你还可以带走知识，除了脚印你还可以留下回忆。

知识引导理性消费。知识素质不断提高的旅游者，会有更高的生态环境保护意识。可持续发展的观念越来越深入人心，旅游企业也纷纷采取节约资源、处理污染、保护生态的各项举措，并以对环保行为的认同，作为吸引游客的手段。可见，知识旅游既能增加旅游地的经济效益，又能减少对环境影响和破坏的旅游趋势。

2.5 我国的知识旅游发展

在知识经济时代知识旅游逐渐成为主要趋势，我国的旅游业已经显现出知识旅游的端倪。不仅在旅游活动的主体需求侧有明显增加的知识需求，在供给侧也相应出现了一些标志性的转变。

2.5.1 专项旅游的发展

红色旅游强调在旅游过程中，通过直观体验，学习中国革命史，感受先辈革命精神。工业旅游不仅因为能够直观体验生产过程，增长见识而受到旅游者的喜爱，也因为其特殊的广告功能和较好的营销效果受到越来越多的现代化企业的关注。近年来，我国著名工业企业如青岛海尔、上海宝钢、广东美的等相继向游人开放，许多项目还获得了政府的高度重视[51]。

生态农业旅游、考古旅游等围绕各种主题深度开发的专项旅游也蓬勃发展。文化、科教知识的渗透和注入使当前旅游活动有着鲜明的知识特色，知识旅游以多种多样的形式呈现出来。

2.5.2 景区类型多样化

旅游景区是典型的旅游产品形式。作为满足旅游消费者需求的产品，景区的类型能够直接反应出旅游需求的变化。景区的名称则直观体现出其最核心的旅游吸引物，或是旅游者最感兴趣的资源内容。20世纪80年代是我国旅游的起步阶段，景区名称最常见的是风景名胜区，突出了当时旅游的观光特色。进入21世纪，旅游景区的名称呈现多样化的趋势，地质公园、遗址公园、生态保护区、工业旅游区、文化产业园等，不仅名目众多，而且有着更为明确的主题和丰富的知识内涵。

新型的旅游景区在名称上体现其知识特点和旅游资源观的扩展，曾经被视为不毛之地的漫漫沙漠、绵延黄土的苍凉之美也被欣赏和利用，同时在促进相关学科与旅游结合的理论研究和实践运作上也搭建了良好的平台，使得旅游地学、旅游生态学、旅游心理学等深化旅游知识内涵的边缘学科迅速发展，在更深层次上推动了知识旅游的进展。

很多著名景区，也纷纷重新评估自身资源优势，申报知识内涵丰富的品牌，例如素有"天下第一奇山"的黄山，作为我国十大风景名胜区之一，也是我国第一个同时作为文化、自然双重遗产被联合国教科文组织列入《世界遗产名录》，仍然申报了世界地质公园。

2.5.3 对解说系统的重视

对解说的研究起源于西方的国家公园，在我国目前的大部分旅游区中，解说尚未被人们普遍接受，因此相关研究也较少[52]。

20世纪50年代，旅游业在欧美等地快速发展，国家公园成为人们游憩度假和接受自然教育、环境教育的理想场所，解说也因此受到了前所未有的重视。现有的文献普遍认为，关于"解说"的定义最早是由"解说之父"弗里曼·提尔顿（Freeman Tilden）在其1957年出版的《解说我们的遗产》（Interpreting Our Heritage）一书中提出的。相继成立的解说自然主义者协会（The Association of Interpretive Naturalists）和西部解说员协会（Western Interpreters Association）使解说有了专业的形式和内涵，得到了专业认可。

提尔顿指出，"解说是一项旨在通过直接的体验和媒介的介绍来揭示事物内涵和相互关系，而不仅仅是简单的传播客观信息的教育活动"。在这里他首先指出解说是一种教育活动，具有历史、艺术、心理以及自然等方面的丰富内涵，并阐明了解说的目的是揭示事物的内涵和相互关系，指出的途径是借助媒介的引导，让受众通过亲身体验来获取。最为超越时代的是他并不将解说的内容局限于客观的信息。也就是说，他已经认识到解说会有助于形成人们个体的主观的体验的知识。解说作为一种有助于旅游者愉悦地获取知识的教育手段，其主要功能在学术界取得广泛的认同。我国台湾地区环境解说专家吴忠宏博士认为，"解说是一种信息传递的服务，目的在于告知及取悦游客并阐释现象背后所代表的含义，接着提供相关的信息来满足每一个人的需求与好奇，同时又不偏离中心主题，能激励游客对所描述的事物产生新的见解与热情"，将解说总结为服务、教育与娱乐的升华[53]。或者说，从旅游角度而言解说具有服务和教育两大基本功能[54]。

知识旅游强调旅游的教育功能，注重游客愉悦感，帮助他们因为知识的获取和创造而感受到更深层次的愉悦。可以说求知和愉悦互为条件，互为目的，互为途径，是难以分割的整体。通过西方发达国家旅游发展的经验以及上述关于解说的相关研究成果，可以看出解说能够有力推动知识旅游的开展。

众多景区对解说系统的忽视，反映出我国目前在知识旅游进程中的相对滞后，同时也指明了加速发展的一条路径。令人欣慰的是通过一些有远见的人士的倡导,这种情况正在发生改观。在理论上,国内学者已经开始相关的解说研究;在实践层面,一些新型的景区建设中解说在规划阶段就受到重视,例如,地质公园就尤为强调解说系统的建构。尽管仍有很多需要改进的方面,但也显示出我国旅游学界和业界对解说系统重要性的逐步认识和为完善解说系统而作出的努力。

2.5.4 研学旅行的兴起

后现代知识观认为,知识具有文化性、境域性、价值性等特征,必将对我国当代基础教育课程改革产生重大影响:推动课程目标从一维走向多维;课程内容从教材走向经验;课程实施从灌输走向引导;课程评价从一元走向多元[55]。

研学旅行堪称知识旅游的主力军。在日本,"游学"是小学、中学和高等教育阶段的一个环节,学校通过组织学生集体旅游的方式,提高其对旅游目的地的语言、文化、教育、历史等领域的认知水平。我国香港、澳门等地的很多学校也每年组织学生外出旅游,作为学校学习形式的一种有益的补充。这种通过旅游获取知识的观念在我国也逐渐为行政管理部门和学生家长所接受与认可,对学生的游学活动非常支持。山东省济宁市的旅游和教育部门就联合出台了《关于开展中小学修学旅游方案》,将开展中小学修学旅游列入素质教育的内容。这是知识旅游教育功能的直接体现。有领先意识的旅游目的地也竞相开展相应的活动。从 2006 年开始,曲阜已经连续举办了四届修学旅游节。2010 年修学旅游节活动的主题为"游学曲阜,快乐成长",突出体现"在圣贤的光芒下学习成长"的主旨[56]。2016 年教育部等 11 部门联合发布《关于推进中小学生研学旅行的意见》,既是明确的教育政策指向,也是旅游业态创新发展的一次机遇[57]。

一方面,研学旅行为学生提供了实践的机会。传统的教育方式注重理论知识的传授,而研学旅行注重实践和体验,让学生能够亲身参与其中,感受到知识的实际应用场景,增强了他们对所学知识的理解和记忆。另一方面,研学旅行可以开阔学生的视野。通过到不同的地方学习和了解当地的历史、文化和自然环境,学生可以拓展他们的视野和思维方式,培养他们的观察力、分析力和解决问题的能力,提高他们的综合素质。此外,研学旅行也对地方旅游业的发展起到了促进作用,增加了地方旅游业的收入和知名度。

自国家相关政策颁布以来,针对学生研学旅行的市场开发活动突飞猛进,体现了旅游创新发展和文旅融合发展的理念。根据中国旅游研究院发布的《中国研学旅行发展报告 2022—2023》:开展研学业务的企业主体多元化,2021 年新增 389 家/月,2022 年新增 111 家/月。研学相关企业集中分布在华东、华中地区,湖南、江苏、山东最为集中。

研学旅行的蓬勃发展催生了一个新兴的职业——研学旅行指导师。作为研学旅行中知识的传递者，是知识旅游者的支持者与合作者，也是研学旅行全过程的引导者。为了引导研学旅行指导师队伍的健康发展，2019年，中国旅行社协会发布《研学旅行指导师（中小学）专业标准》。2019年教育部公布的《普通高等学校高等职业教育（专科）专业目录》中"研学旅行管理与服务专业"增补进入高职专业目录，从2020年起执行[58]。

　　上述种种迹象表明，虽然目前我国旅游理论研究仍落后于欧美发达国家，但实践发展的很多方面已经出现知识旅游的明显趋势，可以说我国目前已处在知识旅游的初级阶段。

第三章 知识旅游管理关键在于知识转化

知识旅游管理就是知识经济时代在旅游组织层面上的知识管理。知识旅游管理是将知识管理的理念应用于旅游企业，注重调动旅游企业知识员工的积极性，促进组织内部和外部的知识转化，并致力于通过营造便于知识碰撞的组织氛围促进知识创新，从而创造附加值更高的、独特的知识旅游产品，满足知识旅游者对各种类型知识的需求，以获得持久的竞争优势。

提到知识管理，人们首先想到的是信息技术（Information Technology, IT），一般很容易把它理解为信息管理，比如通过信息化，将组织内的数据、信息等作为共享资源进行管理和使用。但是，有"知识管理理论之父"美誉的野中郁次郎在他的著作中指出，这仅是一种表面的理解，他强调知识管理的深层含义是尊重人性和调动人的积极性的理念。

囿于对知识管理的片面认识，相对于其他产业领域，旅游业界的知识管理研究起步迟缓，尚未取得较大进展。我国台湾地区的学者（JT Yang & CS Wan）2004 年在《旅游管理》（Tourism Management）杂志上发表文章（Advancing organizational effectiveness and knowledge management implementation），是将知识管理理论应用于旅游组织进行实证研究的先例。他们以我国台湾地区的 4 家五星级饭店为样本，通过对知识的创造、共享、存储和转化等流程的分析，表明知识管理不仅能够为内部顾客和外部顾客增加价值，而且能够提高组织的整体效能[59]。

由于这一研究对旅游企业知识创新管理体系的实践价值和实施现状作出了较为清晰的描述，有学者认为其堪称迄今为止对旅游企业知识创新管理问题研究最为透彻的代表性论文之一[60]。由此也显现出知识管理理论应用于旅游组织研究的薄弱和亟待加强的紧迫性。

3.1 知识旅游管理的核心

新知识是通过掌握不同类型和内容的知识的个人间的相互作用而创造出

来的，形式知识和暗默知识是互补的，都是知识创新不可或缺的。没有经验，一个人虽然难以获得理解力，但如果不能走出自己的经验，则无法达到普遍的一致。如果不对经验作分析性反思，同样的事就会重复发生，知识质量则毫无提升。分析经验才能理解其含义，才可应用于下一次经验。暗默知识和形式知识就是以这种方式在人类的创造活动中相互作用的，野中郁次郎等学者把这两类知识的相互作用称作"知识转化"（Knowledge Conversion）。这是一个个体之间的社会化过程，但并不局限于某个个体自身。通过这种社会的转换过程，暗默知识与形式知识的质与量都得到了发展。

知识共享和知识转化过程本身就蕴含了知识的创新，可以说知识的共享和转化既是知识管理的基本过程，又是知识管理的目标所在。因此，知识旅游管理的重点也应该是促进旅游组织内部和外部知识的转化。

3.1.1 知识转化的 SECI 模型

国内外学者对知识转化的研究主要集中于对知识转化模式的分析，其中最著名的是日本学者野中郁次郎的 SECI 模型[61]。野中郁次郎的研究表明知识转化有四种模式，如图 3-1 所示。

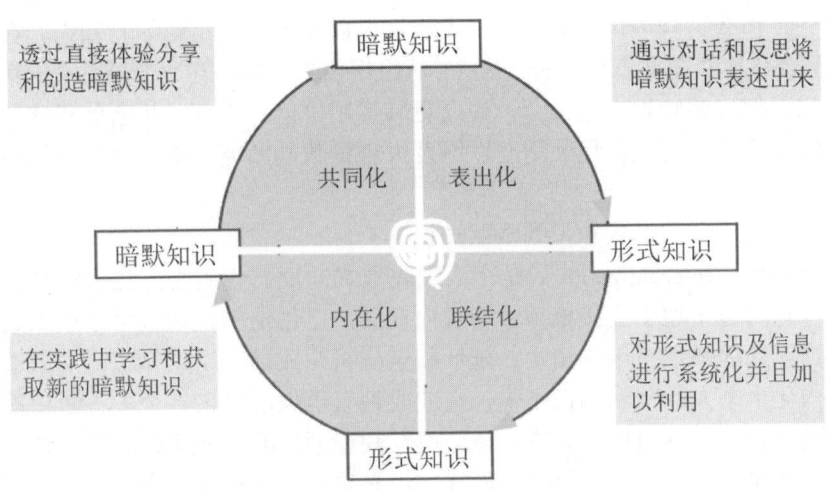

图 3-1 知识转化的 SECI 模型

资料来源：李萌. 第六项修炼——省思组织学习的本质 获取知识，还是创造知识[J]. 商学院，2007（06）：41-44.

1. 共同化（从暗默知识到暗默知识）

共同化也称社会化（Socialization），是通过分享经验把暗默知识汇集在一起的过程。因为暗默知识具有特殊的背景条件，难以公式化，所以获得暗默知识的关键就是通过共同活动来体验相同的经验。

2. 表出化（从暗默知识到形式知识）

表出化也称为外在化（Externalization），是将暗默知识清晰地表述为形式知识的过程。在知识转化的四种模式中，表出化是知识创新的关键，因为它从暗默知识中引发出新的形式的概念。当暗默知识变得明晰起来，知识就具体化了，也就能够分享给其他人，从而成为新知识的基础。

3. 联结化（从形式知识到形式知识）

联结化又称组合化(Combination)，是指将孤立的形式知识组合成更复杂、更具体的知识系统。知识通过文件、会议、电话交谈和网络等通信方式来进行交换和组合。通过筛选、添加、组织和分类等手段对现有知识进行重构，也能创造新的知识。例如，旅游企业管理者从组织收集信息，并把它写进业务报告，那么，在综合不同来源的信息这一意义上，这份报告就是新的知识。组合化也可以包括概念的"分拆"。举例而言，管理人员可将某些宏大概念，如景区规划愿景或旅游新产品概念，分解为具体的、可操作的旅游促销计划或旅游产品设计任务，那么这些经过分解的工作内容也可以视为旅游组织的新知识。在实践中，组合化往往需要三个过程：第一，从组织内外收集并组合形式知识；第二，在组织内把形式知识进行加工，使之更具实用价值；第三，将新的形式知识传递给组织成员。创造性地使用互联网及大容量数据库能有效促进这种知识转化模式。

4. 内在化（从形式知识到暗默知识）

内在化（Internalization）是个人吸收形式知识并使其个人化为暗默知识的过程，它与边干边学直接相关。通过内在化，已创造的知识就可由组织成员分享。内在化的知识可用来拓宽、延伸和重构组织成员的暗默知识。知识通过分享而内化于个人的暗默知识之中，它就成为有价值的财富。个人不断积累的这种暗默知识，通过与他人分享，便会引发知识创新的新一轮螺旋式上升。在实践中内在化有两个含义：第一，形式知识必须在行动和实践中个人化，形式知识内在化的过程使得关于政策、策略、革新和改造的概念或方法现实化了；第二，形式知识可以通过模拟或实践来个人化，以便激发边干边学（Learning by Doing）的风气，这样新的概念或方法就可以在虚拟情景中学到。

知识是在暗默知识和形式知识连续的能动的相互作用中推陈出新的，这种相互作用的形式就是 SECI（Socialization-Externalization-Combination-

Internalization）过程。

旅游业属于知识密集型的服务行业，旅游企业主要依靠智力资源的投入与开发，通过知识的生产、传播和应用来获取经济利益的微观经济组织。知识型企业的价值增值是建立在以知识为基础的活动之上的[62]，因此，旅游组织必须重视其内部和外部的知识转化活动。

3.1.2 旅游组织内部的知识转化

旅游组织内部的知识结构具有暗默知识含量高的特点。库珀曾指出，在旅游组织内部存在着非常丰富的暗默知识，其比例占组织所有知识总量的90%之多。当然，由于暗默知识难以表述和量化，上述论断并没有得到实证研究的支持，但是其所强调的内容对于旅游组织的知识管理有着很重要的现实意义。旅游组织是为满足旅游者需求而存在的。在知识经济时代，旅游者的需求因人因时而异，呈现出多元化的趋势。为了应对这些快速变化的旅游者需求，需要具有丰富的客户知识，这部分极有价值的客户知识就产生于组织成员和旅游者面对面的交流中，并且存储在直接和旅游者接触的员工的暗默知识当中。

旅游者的需求不断变化，促进了旅游组织中客户知识的更新，从而使旅游组织的知识具有更新频率高的特点。

鉴于旅游组织中隐性知识含量高以及更新速度快的特点，可以看出暗默知识团队共享及表出化是旅游组织知识创造的核心。

因此，知识共享是旅游组织知识管理中的一个重要环节，通过知识共享，使组织每项业务的运行都尽可能地建立在全组织的知识上。比尔·盖茨在《未来时速》一书中论述知识管理时，特别强调共享的重要性。他指出，一家公司的高层经理们需要坚信知识共享的重要性，否则即使再努力掌握知识也会失败，理论不是来自保密的知识，而是来自共享的知识，一家公司的价值观和激励制度应该反映这个观点。

信息技术的应用提高了对知识资源的收集、存储、组织和运用能力，为组织内的知识分享创造了环境基础，旅游组织应该采用一系列适合自身状况的促进知识共享的技术。例如，建立组织内部网络，形成知识库；以知识库为基础，组织成员能很快地熟悉前人的工作环境，学习其他员工的经验。

采用知识地图，通过知识地图将知识和人联系起来，帮助组织成员获得知识。知识地图实质上是利用现代信息技术制作的企业知识资源的总目录及各知识款目之间关系的综合体，能够较清楚地揭示企业内部或外部相关知识资源的类型、特征及知识之间的相互关系[63]。信息和知识在传播过程中很容易受到干扰而产生变形，随着传播环节的增多，信息和知识甚至会丧失原来的意义。更重要的是隐性知识的传播只能是面对面的直接交流，否则根本无法传递。知识地图能有效地组织企业内部的知识和专有信息，帮助员工在需要时可以非常方便地查找到相应专家，进行直接交流，从组织网络获取知识，高效优质地完成任务。让旅游组织中的成员能够便利地相互联系，并通过组织有关活动使员工之间有密切合作的机会，通过面对面的交流、对话促进知识的转化。在人际交流的互动中，通过信息与知识的共享，运用群体的智慧进行创新。

对生产制造企业的研究显示，知识在组织内的扩散、吸收和不断应用的过程，导致生产成本、管理成本和交易成本相对收缩。知识分享使组织学习曲线急速下滑（见图3-2），即积累同样数量的产出时，生产的边际成本可以下降得更快，企业可以更快地找到解决方案，响应顾客的需求[64]。虽然旅游组织在产品生产上不同于制造业，但其管理成本和交易成本同样会因为知识共享的组织学习而显著下降。

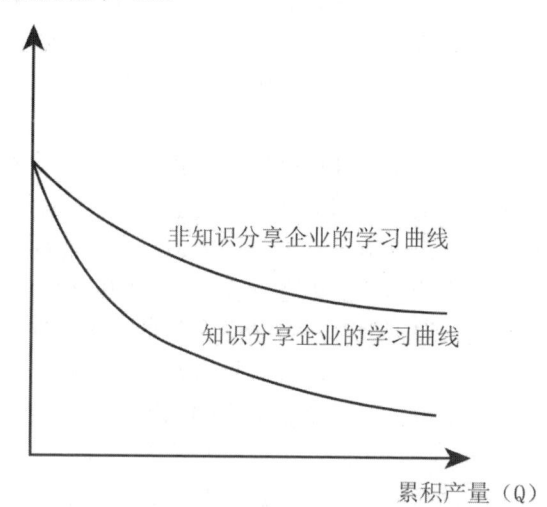

图 3-2 知识分享下滑的学习曲线

资料来源：谢康，吴清津，肖静华. 企业知识分享 学习曲线与国家知识优势[J]. 管理科学学报，2002（02）：14-21.

在旅游组织内部有意识、有组织地进行知识创造也同样符合 SECI 模式：

共同化，是将个人的暗默知识转化为其他组织成员的暗默知识，通过师傅带徒弟的方式，在共同参与活动、解决问题中获得直接的经验，实现暗默知识的共享。

表出化，通过比喻、类比等方法将想法、印象、感觉等以语言和图像的形式表现出来，并在此基础上修改完善形成知识，这一过程是知识创造的关键。在旅游组织中成员对工作问题的讨论有助于暗默知识的表出化。

联结化，是将形式知识进行综合整理，通过构建知识库来有效推动。

内在化，组织成员主动吸收并在实践中使用已经联结化的形式知识，进而将其转化为自己新的暗默知识。在此环节，旅游组织员工的主动学习意识会起重要作用。

为了准确了解旅游组织中知识转化的情况，笔者设计了问卷对旅游景区的员工进行调查。问卷采用李克特五点量表，得分最高为 5 分，最低为 1 分，得分越高表明该项在组织行为中越有普遍性，结果见表 3-1。

表 3-1　旅游组织内部知识转化状况（N=465）

项目	内在化	联结化	共同化	表出化
均值	3.95	3.84	3.98	3.79
中值	4.00	4.00	4.00	4.00
众数	4	4	4	4
标准差	0.83	0.83	0.75	0.76
极小值	1	1	1	1
极大值	5	5	5	5

从表 3-1 中可以看出，在旅游组织的员工中共同化是最广泛的行为（均值为 3.98），证明了在旅游组织中隐性知识比重较大，所以员工之间通过共同体验分享暗默知识是知识交流的主要形式。而最困难的知识转化环节——表出化相应的得分也是最低（均值 3.79），这表明在旅游组织中员工之间关于工作问题的探讨没有受到组织管理者的足够重视和支持，从而也是组织内部知识转化过程中的薄弱环节。

3.1.3　旅游组织外部的知识转化

1. 与客户知识的互动

在旅游组织中，客户知识是其存在和发展的重要的暗默知识，也是组织外部知识转化的关键。图 3-3 表明了客户知识是如何被纳入旅游组织的，也表明了旅游者对旅游产品的消费反馈很重要，旅游组织需要这些意见和建议。

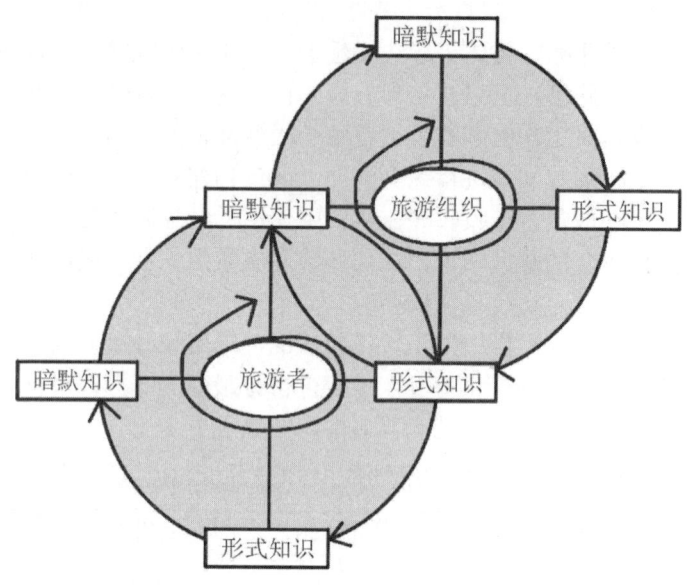

图 3-3　旅游组织与客户知识转化图

共同化，旅游组织员工在提供旅游产品服务的过程中，与旅游者共同体验，能够共享旅游者的暗默知识，实现共同化。

表出化，旅游组织员工之间关于工作问题的探讨，有助于他们将自己对客户知识的印象、感觉等用明晰的形式表现出来。

联结化，旅游组织中的形式知识通过筛选、添加、组合和分类等手段对现有知识进行重构，以形成旅游产品中的形式知识部分。

内在化，旅游者在对旅游产品中的形式知识进行学习、理解和吸纳并通过行动和实践，将形式知识具体化，纳入自身暗默知识体系，从而开始新一轮的在旅游组织员工和旅游者之间的知识转化，使得新知识在这种螺旋式上升的转化中不断创造出来。

2. 重视产学合作

知识旅游在后现代知识观的指导下，对知识有更深入的理解，强调全面、科学、动态地利用一切资源，通过促进知识转化，开发高知识含量的旅游产品。其中，高等院校和科研机构以其显著的知识优势，成为各种旅游组织获取知识资源的外部智囊库。旅游组织和科研机构之间的产学合作对知识旅游的发展起到了有效的推动作用。图 3-4 表明了科研机构的智力资源是如何被纳入旅游组织的，其转化的关键是旅游组织成员将科研机构提供的形式知识内在化后纳入自身暗默知识体系,开始新一轮的在旅游组织内部的知识转化,并使知识在这种螺旋式上升的转化中不断被创造出来。

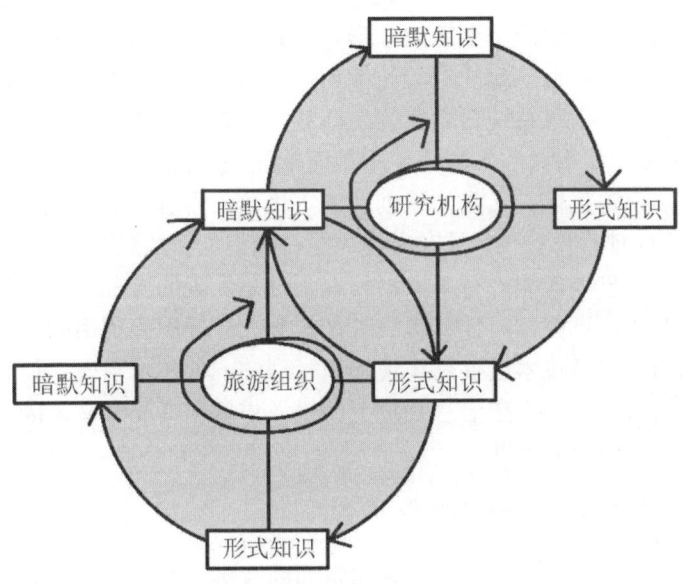

图 3-4　旅游组织与研究机构知识转化图

与近年来兴起的企业与企业之间的合作创新相比,高等院校和科研机构与企业的合作表现出功能互补的优势[65]。同时,它作为一种异质性组织间的合作,即经济型组织和科技型组织的合作行为,可以充分发挥各自的比较优势,大大提高研究的效率,使知识创新活动更好地体现了科研与市场的统一。因此,产学合作是推动旅游组织知识发展和实现知识价值的一种有效知识创新。

3.2　知识旅游管理以人为本

知识来源于自主创新,知识管理中一个重要观点就是暗默知识比明示知识更完善,更能创造价值。有价值的知识通常是与人结合在一起的经验性知识,因此人是知识最本质的载体。正如野中郁次郎在其著作《创造知识的企业》一书中多次强调:"只有人能很好扮演知识创造的角色。"

3.2.1 知识管理依靠人力资源管理实施

知识的报酬递增特性,是通过人对知识的使用、共享和创新来实现的,这表明了人在知识管理中的重要地位。形式知识固然可以整理成册,但最有价值的知识还是与人结合在一起的经验性知识,即暗默知识。因此,人是知识的最重要的载体。著名信息系统哲学家查尔斯教授的论著《咨询系统的设计》中指出:"知识隐藏于使用者的头脑中,不是简单的信息堆积。"

人既是知识的载体,又是知识创新的主体,人力资源的管理是知识管理的主要内容。野中郁次郎指出,只有人类才能在知识创新的过程中扮演核心角色,无论计算机的信息处理能力有多大,终究不过是人类的一种工具。作为一种高效信息运送者和信息载体,计算机只有在人类充分理解并利用的基础上才能产生行动的能力。信息技术仅仅是实现知识管理的一种技术手段。如果忽略人在知识管理中的作用,那么在信息系统上的投入再多也毫无意义,因为只有人才能赋予组织灵活性和创造性。

3.2.2 积极组织行为学视角

信息技术的应用提高了组织对知识资源的收集、存储、组织和运用能力,为组织内的知识分享创造了环境基础。而真正能够促进组织内知识分享和创新的关键问题,不仅要提高员工不断创新的专业知识和技能,更重要的是调动或激发他们将这些专业知识和技能提供给组织中其他成员的积极性。

知识管理着眼于人类知识的经营和管理,知识管理包含管理既存知识,它侧重的是如何归纳整理现有的知识。但即使对既有知识的最有效的管理也无法解决与人相关联的知识的创造,以及知识在不同的情境下调适的问题。知识管理基础中所体现的尊重人性的概念,表明了知识管理还包括一个更重要的方面,即创造新知识。而新知识的创造与个体的信念和承诺有关,与特定的情境有关,也与组织的氛围密切相关。

野中郁次郎认为,事实上管理者是无法对知识进行"管理"的,只能通过培育适宜的组织氛围,在潜移默化中对组织成员进行积极的引导,以促进新知识的创造。他强调一个组织之所以比其他组织更优秀,是因为它能够集中既有知识之精华,能够充分调动蕴藏在其内部成员内心深处的个人知识。从积极的方面出发,不去过度关注存在的问题,而着眼于发展机制,发挥组织成员的优势和特长,挖掘其潜能,选拔、开发和管理个体的优势,而不是弱点。因此,知识管理是基于积极组织行为学的视角。

3.3 知识旅游管理的人性假设

人性假设是对人的本性的认识，是管理理论的哲学基础。可以说，一切管理理论都是以相应的人性假设为前提的，不同的人性假设则对应着不同的管理原则和方法。

管理活动的前提是对人类本质的认识。著名的德国哲学家恩斯特·卡西尔认为，人的本性不是一种既定的现成事物，而是人自主地创造自我、实现自我的一个过程。而这一过程是永无止境的，人类的特性就在于不断的创造，从而实现自我超越。

3.3.1 人性假设演变

社会经济活动影响着人的行为动机，也使得不同时期的人性假设有着明显的时代痕迹。西方管理学家提出的主要的人性假设理论有以下几种：

1. "经济人"假设

"经济人"假设是古典管理理论对人的看法，即把人当作"经济动物"来看待，认为人的一切行为都是为了最大限度满足自己的私利，工作目的只是为了获得经济报酬。英国经济学家亚当·斯密（Adam Smith）指出，"如果能够刺激他们的利己心，使有利于他，并告诉他们，给他做事，是对他们自己有利的，他要达到目的就容易得多了"[66]。

"科学管理之父"泰勒是持"经济人"观点的典型代表。这种理论曾风行于20世纪初到30年代的欧美企业管理界，改变了当时放任自流的管理状态，加强了社会上对消除浪费和提高效率的关心，促进了科学管理体制的建立。

2. "社会人"假设

"社会人"假设的理论基础是人际关系学说，由美国心理学家乔治·埃尔顿·梅奥（George Elton Mayo）提出。他主持了著名的霍桑试验，研究结论是：影响生产效率的最重要因素不是待遇和工作条件，而是工作中的人际关系。他第一次把管理研究的重点从工作和物的因素上转到人的因素上来，不仅在理论上对古典管理理论作了修正和补充，还为现代行为科学的发展奠定了基础。

3. "复杂人"假设

"复杂人"假设是20世纪70年代初由埃德加·沙因（Edgar Schein）提出的，其含义主要有以下两个方面：其一，就个体人而言，人的需要和潜力会随着年龄的增长、知识的增加、地位的改变、环境的改变以及人与人之间关系的改变而各不相同。其二，就群体的人而言，人与人是有差异的。因此，没有一套适合于任何时代、任何组织和任何个人的普遍的行之有效的管理和激励方法。

除此之外，麦格雷戈（Douglas McGregor）在他的《企业的人性面》一书中提出了两种对立的管理理论：X 理论和 Y 理论；还有马斯洛的"自我实现人"假设等，都对管理策略产生了影响。

3.3.2 以往人性假设的局限性

人的本性是不断变化的，是一定的经济关系和经济环境规定了经济活动中人的本性与本质，而不是相反——将人性看作一个先验的存在和永恒的范畴[67]。

局限性主要表现在两个方面：

第一，传统人性假设着眼于通过满足个人的需求去激励人。

不论是"经济人""社会人"还是"复杂人"，都是关注个人不同层次的需求，通过对个人满足自身需求的动机来激励人。而将人仅仅作为"自利者"看待，忽视了人的利他精神对其行为的影响。

第二，传统的人性假设居高临下，人为地将组织中的成员界限分明地划为"管理者"和"被管理者"。

在知识经济时代，管理者和被管理者的界限将不再分明，更多的时候组织中的成员互相是彼此的"合作者"。

在知识经济时代，知识作为重要的战略资源，对当前经济发挥着决定性作用的同时，也对社会生活以及人的行为动机和人性特征产生了全方位的深刻影响，从而为"知识人"假设的提出，创造了现实基础与客观条件。"知识人"假设是在肯定和接纳传统的"经济人""社会人""复杂人"等假设中合理成分的基础上，对知识经济时代人的行为特征的抽象概括。

3.3.3 知识人假设的基本观点

1. 知识人主动创造知识

在知识经济时代，知识作为社会中最重要的战略资源，对人的价值观和行为都产生了显著的影响。知识的重要性成为社会共识，越来越多的人从以往对知识的被动接受和简单使用，转变为主动探求和积极创造。在后现代知识观的视角下，知识既是经验系统，又是求知方法和能力。人既是客观的、逻辑化的形式知识的使用者和传播者，又是主观的、情感化的暗默知识的承载者和阐释者，并主动地在形式知识和暗默知识的转化中创造新的知识。

德国哲学家恩斯特·卡西尔在其代表作《人论：人类文化哲学引导》中指出，人具有创造"理想世界"的能力，人的本质就是人的无限的创造活动，并独树一帜地把人定义为"符号的动物"。而人的创造活动是通过符号形式的知识来进行的，可以说"知识人"不仅是经济上利己的人，不仅是追求情感得到满足的人，不仅是利用知识合理决策的人，更是善于学习、主动探寻知识、创造知识、无限进取的人[68]。

2. 知识人重视自我激励

知识人对知识主动探寻，自身素质不断提高，有着更强的自我管理能力，自我管理团队（Self-managed Team，SMT）会成为组织中的主要形式。正如组织扁平化理论所倡导的紧凑的横向组织那样，不但"管理者"和"被管理者"之间的层级减少，而且"管理者"和"被管理者"的角色也将逐渐趋同，成为为了完成共同目标而并肩努力的"合作者"。即便是激励行为也不再是自上而下的，更多的是平行的自我激励和相互激励。"知识人"将使组织变得更加富有柔性和创造性。

3. 知识人自利且利他

知识人是有自身需求的。知识人首先以满足自身需求、追求自身利益为动力。但是知识人不是一心利己的经济人，其自利也不只是满足经济利益，更多的是追求较高层次的归属需要、尊重需要等。知识人追求个人利益的行为也会使他人受益，正如亚当·斯密对"经济人"的描述，"人们追求自己的利益，往往能比真正出于本意的情况下更能有效地促进社会利益。人们的这种行为，受着'一只看不见的手'的指导，去尽力达到一个并非他本意要达的目的，即公共利益"，也同样适用于"知识人"。不仅如此，知识人由于有着较高的受教育程度，而具有高度的社会责任感和自身修养，可以将自利与利他协调统一起来，使自己追求的个人利益符合组织、社会的整体利益。

"自利则生，利他则久"，利他能让人眼界开阔，激发创造力，是开启智慧宝库的钥匙。素有日本"经营之圣"美誉的稻盛和夫说：我个人的经历就是这样。当我处于忘我的状态，为员工、为客户，一心不乱、全神贯注地投入研究开发的时候，当我为世人、为社会开拓新事业的时候，我就无意中触及那宝库中睿智的一端，于是我就能开发出划时代的新产品，并且使事业获得意想不到的进展。这是对知识人理想生存状态的描述，也揭示出知识人因为利他而更有创造力的深刻道理。

4. 知识人的价值标准合理化

由于有着自利且利他的行为特征，知识人在追求自身全面发展的同时，会努力实现个人与周边自然环境、社会环境的和谐共处。其行为目的也不仅仅是考虑满足当前的实际需要，更要充分考虑未来发展的需要，考虑社会和经济的可持续性要求。由此可见，知识人行为的价值标准将由狭隘的追求当前经济利益最大化向注重长远的经济利益、社会利益和生态利益的综合价值合理化转变。

3.4 旅游组织中的知识型员工

知识型员工的概念最早由彼得·德鲁克提出，是指那些掌握和运用符号和概念、利用知识或信息工作的人[69]。他最初是用知识型员工的概念来特指组织中的管理人员，但是随着知识经济的发展，越来越多的组织成员都符合关于知识型员工的描述，可以说知识型员工的外延在不断扩大。

3.4.1 知识型员工的特点

彼得·德鲁克认为，可以从以下两个方面来形容知识经济中员工的特点：首先，他们不直接生产有形的产品；其次，尽管他们靠薪水生活，但是他们却是能动的志愿工作者，而不是被动的企业雇员。他的论述高度抽象地概括出知识员工相对于传统工人的关键差别。

1. 知识型员工具有创新性

知识型员工受教育程度较高，掌握相关的专业知识与技能，拥有知识资本，因此具有开阔的视野和较强的求知欲，善于学习，主动探寻知识，凭借知识进行工作，并拥有知识创新的能力。他们主要以脑力劳动的方式将知识转化为知识产品，而知识产品往往以非物质形式为主，所以他们的劳动成果一般具有无形性，其过程难以控制，结果亦难以度量。

2. 知识型员工具有自主性

知识型员工追求较高层次的尊重需要、自我实现等。知识管理专家玛汉·坦姆仆经过大量实证研究后发现，对知识型员工有效的四个激励因素依次为：个体成长（约占34%）、工作自主（约占31%）、业务成就（约占28%）和金钱财富（约占7%）[70]。

知识型员工对自身发展、成长和完善有着持续不断的追求，因此更重视能够促进他们发展的、有挑战性的工作，希望能够自主地发挥自身才能，工作富有意义，从而获得认可。所以对知识型员工知识创新主动性的激励，应建立在满足其较高层次需求的基础上，即主要满足其对自身价值实现、精神升华等高层次需求[71]。

3. 知识型员工具有流动性

知识型员工是"能动的",这包含有两层含义,一是他们工作的自主性较强;二是他们具备较高的知识水平,从而拥有了更高的自由度。社会对知识和人才的重视也提供了更多流动的诱因和机会,在内外部因素的共同作用下,知识型员工表现出较高的流动性。

在知识经济时代,知识型员工需要更大的自由发展空间,最理想的工作已经不再是承诺终身雇佣,而是能够为组织中的成员提供所需的机会、资源和灵活性,帮助组织成员可持续性成长、学习和发展,为他们创造有利于维持专业进步的环境,努力营造一个组织成员愿意奉献和创造知识的管理系统。

3.4.2 对旅游组织知识型员工的管理

麦格雷戈曾说过:每一种管理决策或管理行动都以关于人性及人的行为的假设为后盾。对于旅游组织中知识员工的管理,是基于"知识人"假设和知识型员工的特点。

知识型员工是"志愿工作者",对他们而言,传统的强调制度约束和严格控制的"刚性管理"已经有了明显的局限性,重点在所谓的"柔性化"管理。柔性管理是指管理的非规范化、非制度化,具体表现为随着管理的随机性、多样性、多变性等因素的逐步增长,它要求在实际的管理活动中,注重感情色彩,注重人际互动关系,注重员工个性[72]。管理的重点从过去的控制向激励转变,注重发挥员工的积极性和创造性,最大限度地发挥员工自身价值。柔性化管理的激励特征可以总结为:内在重于外在,心理重于物质,身教重于言教,肯定重于否定,激励重于控制,务实重于务虚。

对知识转化的关注是知识管理的主流,但对于如何促进知识员工的知识转化研究多停留在定性分析的层面,缺乏实证研究。在分析了不断更新的高新技术支持的网络建设、组织结构扁平化以及交流渠道的建设等方面的影响,考察了有关弹性工作时间,以及公正评价体系、多元薪酬设计等知识管理的有关研究之后,学者们把精力集中于研究组织成员的个人情感特征对知识转化的能动作用。人的情感和理智是相互依存的,情感也是组织生活整体中不可分割的组成部分,对旅游组织的知识创新而言,情感常常是难以描述而又起着至关重要的作用。

正如前面分析表明知识旅游管理最为重要的是对知识型员工的管理,在旅游组织内部,就是关于如何促进知识员工进行知识转化和创造的问题。尽力让旅游组织中知识员工达到更好的状态，目的是激发员工的创造力，进而为旅游者提供智能型、个性化、灵活性和感情化的服务。

旅游组织中的成员作为知识的最重要的载体和创造者，让旅游组织中的知识型员工有能力并且有意向去进行知识转化，就是知识旅游管理关注的核心问题。因此，本研究从积极组织行为学的视角着眼，选择组织行为学中的两个可以测量的情感变量"心理资本"和"组织认同"分别代表对个人、对自身和对旅游组织的积极情感，考察情感因素对于知识转化的影响。

1. 心理资本

心理资本是个体在成长和发展过程中表现出来的一种积极心理状态，具体表现为自我效能、乐观、希望和韧性。研究者以心理资本的形式把积极性运用到工作场所中去，帮助健康的人变得更幸福、更多产以及发挥人的潜能。

心理资本是积极组织行为学研究的重要领域，为知识经济时代的组织理解与投资人力资源提供了一个更全面、更高层次的概念构架。有研究者指出，在当今的工作场所中，人力资本、社会资本与心理资本的协同集约是实现人的潜能的关键所在，心理资本能够带来比人力资本和社会资本更大的影响。同时，整体的心理资本的影响又远大于其各个构成部分之和[73]。

心理资本对于知识生产者尤为重要。泰勒的科学管理可以督促一名心情不愉快的体力工人努力工作。但是在知识经济时代各种高度符号化的知识创造活动中，心情愉快的工作人员才会有更多的产出。因此，在知识经济时代，知识员工的生产并不是从到达工作岗位才开始的，而是在任何时候，在他还未到达办公地点之前就已经开始。持续的无处不在的思考已经融入知识员工的生活中，这些暗默知识的积累都会对他们的工作产生持久而深远的影响。

知识旅游管理鼓励知识员工不仅要运用他们的理性头脑，还要创造条件让他们愉悦地把他们的直觉和想象力投入组织的知识转化中来，也就是要让组织中的知识员工尽量保持一种积极的状态。

作为一种动态资源，心理资本在得到支持的情况下，能够随着时间的推移而增长。如果以当前心理资本状态为基底，在经过开发后会有越来越强的自我开发和提升能力，尽管状态会有波动，但总体走势向上。心理资本高的个体在处理问题时能够灵活地运用各种不同的能力，调动知识储备，满足工作的动态要求。从理论上讲，这种积极的态度有助于知识转化，当然这一推论也仅仅是理论假设，是否成立还有待于实证研究的支持。

2. 组织认同

心理资本是对个体积极状态的描述，对组织的知识转化具有推动作用，但是组织的知识创新并不局限于某个个体自身，而需要组织成员的合作共享，所以引入组织认同这个组织行为学领域的重要研究课题，从个人对组织的积极态度层面考察影响知识转化的因素，或者说探寻知识旅游管理的路径。

组织认同是个体源于组织成员身份的一种自我构念，是个体认知并内化组织价值观的结果，也是个体在归属感、自豪感和忠诚度等方面流露出的情感归依[74]。

研究表明，组织认同度高的员工倾向于把他们自己当成组织的代表，把集体利益作为他们首先要考虑的因素，容易产生组织公民行为和合作态度，具有高满意度和低离职意愿的特点。至于组织认同是否会对旅游组织的知识转化有影响，则要依据后续的实证研究来验证。

3.5 知识旅游管理的概念模型和场域建构

3.5.1 知识旅游的概念模型

知识旅游管理的概念模型已逐渐清晰，重要概念之间的关系如图 3-5 所示。

知识经济推动了知识管理的发展，也使得旅游活动具有了越来越突出的知识特色，知识旅游成为知识经济时代的主流趋势。

知识旅游管理以人为本，注重在旅游组织内部和外部的知识转化，生产高知识含量的旅游产品满足求知需求不断增长的知识旅游者。

促进旅游组织的知识型员工创造知识旅游产品是知识旅游管理最关键的环节，以往的研究表明制度设计、技术支持固然重要，但对于知识型员工而言，积极的情感因素对其知识生产有着更为显著的意义，情感要素也可以转化为生产力，由此体现出知识旅游管理始终贯穿着尊重人的理念，将追求员工积极状态作为重要目标。

46　知识旅游的理论与实证研究

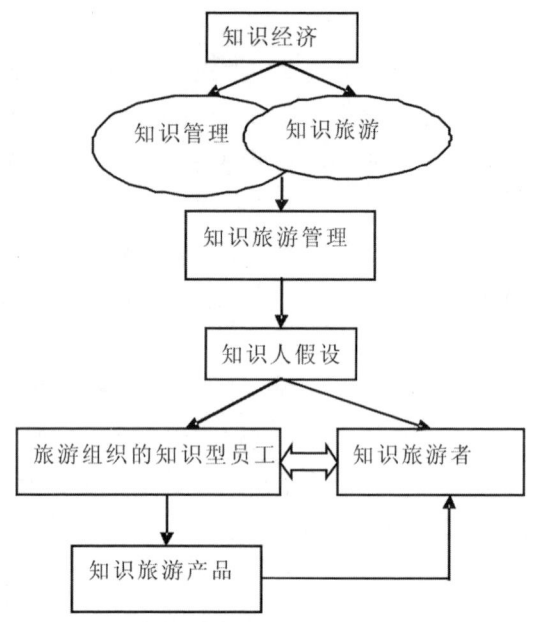

图 3-5　知识旅游管理的概念模型

关于情感因素如何促进知识型员工的知识转化的研究多停留在定性分析的层面，缺乏实证支持。因此，本研究选用积极组织行为学中的两个可以测量的情感变量"心理资本"和"组织认同"来进一步考察情感因素对知识转化的影响。在第五章和第六章通过实证研究，探索知识旅游管理的"黑盒子"问题（参见图 3-6），寻找实施知识旅游管理的可操作途径。

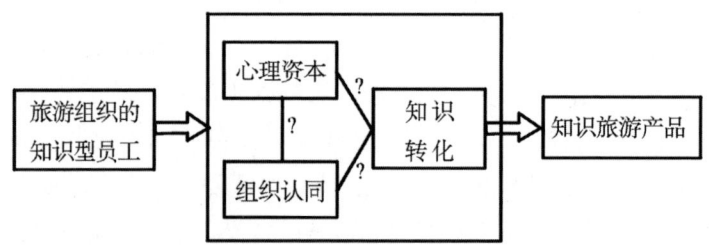

图 3-6　知识旅游管理"黑盒子"

3.5.2　知识旅游的场域建构

知识旅游管理的关键在于知识转化，而旅游组织中知识型员工之间以及他们和知识旅游者之间的互动是复杂而微妙的，往往是在特定背景和环境中进行的，这些背景和环境被社会学家称为"场景"或"场域"。

场域理论由皮埃尔·布迪厄、华康德[75]在其著作《实践和反思：反思社会学导引》中提出，该理论将经济学、政治学的概念引入社会学中，并用来解释社会构建和社会行为。场域理论的三个核心概念分别为场域、资本和惯习。布迪厄等将场域定义为"由附着某种资本形式的各种位置间的一系列客观历史关系构成"，可见场域理论是从关系视角出发，认为社会由相互联系的不同社会小世界构成，每个社会小世界就是不同的"场域"，可以说关系是场域的本质[76-78]。

场域内有不同的行为主体，行为主体依靠资本在场域内开展实践活动。布迪厄等认为，任何资源只要能作为一种权力的社会关系来发挥影响力，都可以成为资本，而资本具有产生利润和复制自身的潜在能力。在以往研究中主要涉及的资本类型有文化资本、社会资本和经济资本[79]。

惯习是场域内行为个体对场域规则的感知和内化，最终会转化为行为主体外在的社会行为[80]。场域和惯习之间是紧密结合、相互交织的，场域内的行为主体会感知场域内一系列正式和非正式的规则，内化形成惯习，进而指导实践，获得更高价值的资本，从这个角度看场域塑造了惯习。反之，惯习也可以通过引导行为个体的实践，进而解构并重塑原有场域，使场域处于不断运动和变化之中[81]。

知识旅游的场域建设不仅是指对旅游目的地公共场所或活动场地进行规划、设计、建设和管理，为旅游中的知识转化提供物理空间，更着眼于建构便于知识型员工之间以及他们和知识旅游者之间相互联系的精神网络。在这样的场域中，知识的共同化、表出化、联结化、内在化不仅有实现的现实场所，而且成为场域中行为主体的惯习。

可以预见的是随着知识旅游场域建设的进一步发展，正如维娜·艾莉在《知识的进化》中所预测的趋势，场域的边界也会日益模糊，场域之间的网络性、开放性和交互性越来越强，各场域中的行为主体通过跨界协作，促进信息和资本在场域间流动、聚集和整合，共同创造融合场域中的共享价值[82,83]。

最基础的知识旅游场域单位姑且称为"知识旅游社区"。之所以借用社区的概念，是因为社区旅游这一概念的两大核心分别是社区和社区参与[84]。社区由生活在一定区域、相互间紧密联系、分享基础设施的人群或一定类型的组织组成。联系社区人群的关键在于"共享"，即强调分享共有的义务，人们在社区内竭尽全力完成自己应有的工作，并最终得到应有的回报[85]。

在旅游研究的社会理论语境中，随着旅游的发展和学者们研究的推进，旅游活动开始被理解为一个更为根本的本体论视域下的特殊过程：流动或多重流动下的活动[86]。在知识旅游社区中，知识型员工或知识型旅游工作者与游客的互动涉及信息、知识、资本等多重流动，这些不同类型主体的"共享"行为创造了新的场域，同时也推动了他们原有的生活场域、文化场域间的流动、聚集和整合，直接促进了知识的转化。

第四章 知识旅游者和知识旅游产品

4.1 知识旅游者

知识旅游活动中的主体，也是知识旅游的参与者、实践者和推动者，他们就是知识旅游者（Knowledge Tourist）。对于知识旅游者的研究可以说是一个全新的领域，在中国期刊网上用"知识旅游者"做关键词和主题分别查找，仅有两篇文章，国外文献中也没有关于 Knowledge Tourist 的论述。在两篇有关知识旅游者的论文中，都没有给出知识旅游者的定义，所以本章尝试在旅游者概念的基础上，归纳知识旅游者的概念。

4.1.1 知识旅游者的概念

知识旅游者是在知识人的前提假设下，对旅游者的重新认识。目前学界广泛接受和使用的对旅游者的定义是："出自寻求愉悦的目的而前往异地并在该地做短暂停留的人。"借鉴知识人假设的内涵，知识旅游者就是通过主动探索知识来完善自我，以满足其求知审美等高层次需求，从而获得愉悦的旅游者。

知识旅游者并不是仅在知识经济时代才涌现出来的新兴旅游者群体。可以说是与人类旅游活动的出现和发展同步，存在已久而又逐渐壮大起来。

1. 知识旅游者古已有之

"读万卷书，行万里路"是中国自古就有的旅游观。早期的知识旅游者尽管为数不多，但影响深远。西汉司马迁曾"西至空桐，北过涿鹿，东渐于海，南浮江淮矣"，足迹遍布大江南北，探访名胜，搜集史料，终于"通古今之变，成一家之言"著成"史家之绝唱"的经典名著《史记》。

唐代高僧义净为求取真经，漂洋过海到达印度，沿途经过 30 多个国家，历时 25 年回国带回大量的梵文经卷，并根据其沿途经历著有《大唐西域求法高僧传》和《南海寄归内法传》等，为后世研究中国与印度、印度尼西亚等国的文化交流提供了宝贵的资料。

明代徐弘祖少年立志"大丈夫当朝游碧海而暮苍梧"，在三十多年的旅行考察中，他艰难跋涉，"问奇于名山大川"，足迹遍及大半个中国，考察地理、民风，以优美的文字著成日记体《徐霞客游记》，被后人誉为"世间真文字、大文字、奇文字""古今游记之最"。

还有北魏地理学家郦道元、北宋科学家沈括、明代医药学家李时珍等都是为了求知而四处游历，堪称是早期知识旅游者中的杰出代表。

作为经世和致学的两条基本路径，旅游能和读书相提并论，是由于当时人们已经认识到游历使人接触和了解更大的空间范围，能够开阔眼界，从而以更全面的视角来回观社会人生。一方面，通过旅游能够获得新的信息；另一方面，通过理解和感悟为已有知识的"前结构"创造"意义"，即新知识，从而使自己的认知能力得以提升。

西方的知识旅游者也不乏其人。著名的古希腊史学家希罗多德遍访希腊本土、意大利、埃及及西亚等地，探寻名胜，访查民风，写下了巨著《历史》。阿拉伯旅行家苏莱曼、马苏第等学者留下了《苏莱曼东游记》《黄金草原》等珍贵史料文献。意大利的马可·波罗以他游历见闻留下著名的《马可·波罗游记》，对于新航线的开辟、西方航海事业的发展和地理大发现都有重大的影响。

这些中外知识旅游者中的先驱们的共同特点是将旅游作为求知的途径，通过旅游不仅增长了自身的知识，丰富了当时人类的知识，而且直接推动知识的进一步发现和积累，并留下了造福后人的经典著述以保证知识的传承。

2. 知识经济时代旅游者的主流

读书和旅游可以看作是两种典型的知识来源。旅游"以体验变化为目的"[87]，也是另一种形式的读书，读一部关于自然和社会博大精深的无字书，也是一种浸入式的读书方式，人在书中，相互解读。

囿于传统知识观，以往旅游研究中提到增长知识，往往是有关地理、历史等方面的。在后现代知识观的视野中，知识有了更广泛的内涵，并不仅有科学知识，伦理学和美学也都是其个体的、经验的知识。而且旅游经历所带来的情境体验的积累也是个体知识建构的组成部分，旅游和知识有了更为密切的联系。在知识经济时代，社会生活的各方面都深受知识的影响。知识被重新认识和再次强调，旅游者也有意识地通过丰富自身的体验去促进个体知识的形成。在知识旅游的语境下，求知已经不再必然与"头悬梁，锥刺股"等刻苦努力相关联，而是可以通过各种令人愉悦的渠道得以实现。如果说传统知识观下寻求知识的方法是：书山有路勤为径，学海无涯苦作舟，那么知识旅游概念中的知识旅游者就犹如畅游在知识海洋中的鱼儿。勤和苦固然有丰厚的回报，鼓舞了勇敢前行的精英，但普通大众对知识敬而远之，因为他们没有感受到求知过程中的快乐。知识旅游形成了一个良性循环，因为求知而愉悦，因为愉悦而求知，从而鼓励越来越多的人选择旅游这种方式作为求知、求学的途径。

借用谢彦君先生的理论：愉悦性的休闲体验构成了旅游这个范畴的基本硬核，构成知识旅游范畴的核心就是愉悦的求知，或者是获得求知的愉悦。在知识经济时代，知识旅游具有消费属性、休闲属性和社会属性。

在知识经济时代的旅游者当中，具有主动求知意向的知识旅游者数量有逐渐增加的趋势，知识旅游者将会成为知识经济时代旅游者的主流群体。

3. 知识旅游者的含义

关于知识旅游者的概念有两层含义：

其一，在人参与旅游活动的诸多需求中，求知需求被重新认识和强化。

这一概念强调作为旅游者的主要特征是出行目的的自娱性和选择目的地的自决性。愉悦是人的动机被实现，需求被满足后的心理状态。因此，旅游者寻求的愉悦必然以其潜在的动机和需求为前提。

马斯洛将人的需求从低到高依次排列，1954年，马斯洛在《激励与个性》一书中又把人的需要层次发展为七个（见图4-1），由低到高的七个层次：生理需要、安全需要、归属与爱的需要、尊重需要、审美需要、求知需要和自我实现需要[88]。他认为人类最高层次的需求，是对真善美和至高人生境界的追求，具体包括认知、审美、创造、发挥潜能的需要等。

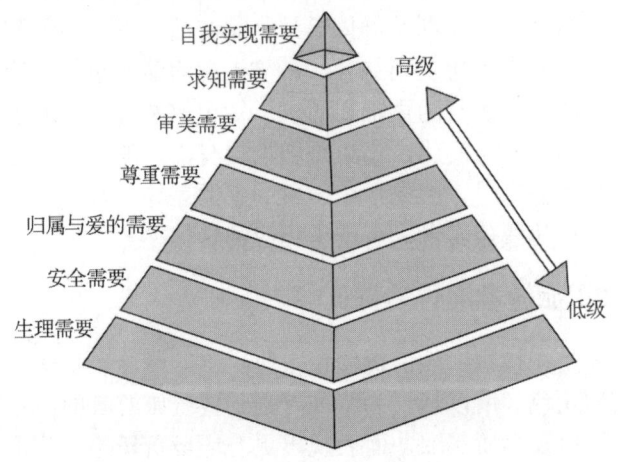

图 4-1　马斯洛需求层次理论示意图

任何一种需要并不因为满足而消失，高层次需要发展时，较低层次需要仍然存在，在许多情景中，各层次的需要相互依赖与重叠。在知识社会中，人们的生活时时处处都会感受到知识的影响，意识到知识对于人是不可或缺的，甚至可以说满足各个层次需要以获得愉悦的途径都和知识有着千丝万缕的联系。尽管求知需要被强化，但并不是每时每刻都处于绝对主导地位，其他各层次的需要依然并存，并时有消长。

知识旅游者是以求知作为实现其高层次的发展需求的途径，是具有学习动机的旅游者，是知识经济时代旅游者中的主流。因为他们是以有意识地、主动地求知和自我提高作为获得愉悦的途径，所以知识旅游者的愉悦可以说是一种高层次的求知愉悦。

其二，知识旅游者不仅关注自身需求的满足，而且关注他人，并因为利他行为而获得愉悦感。

传统意义上的旅游者追求的是一种自我需求满足的愉悦，较少考虑自身行为对旅游目的地所造成的环境和社会的负面影响，也可以说是一种自利的愉悦。知识旅游者在接受教育和不断反思中，认识到传统旅游者行为意义上的狭隘性和局限性，进而采取更为智慧的选择，通过改进自己的行为去追求自利，是利他的愉悦。

相关利益者的概念不仅在旅游规划中被反复强调，也已经或多或少地进入了知识旅游者的意识范围。借用相关利益者最初的定义，旅游活动中的相关利益者是指影响旅游活动或受旅游活动影响的一些利益群体，如果没有他们的支持，旅游活动就很难顺利开展甚至无法进行。旅游目的地政府、旅游组织员工、景区内或周边的居民、公众利益群体等都是旅游活动中的相关利益群体。从事旅游经营的组织需要考虑相关利益者，参与旅游活动的主体也应该了解相关利益群体对旅游活动顺利进行的贡献和需求。知识旅游者仍然追求自身的愉悦，但在这里愉悦的内涵有所变化，不单是因为自身需求的满足，还考虑到相关利益者的需求并尽力去满足。因此，由于目的上的差异，其实现目的的手段即其行为表现也不同于传统旅游者，表现出相应的特征。

4.1.2 知识旅游者的行为特征

知识旅游者是在知识人的前提假设下所提出的概念，是知识人在参与旅游活动中所扮演的角色。所以其行为特征有别于传统旅游者的消费攀高、道德感弱化、文化干涉以及物质摄取，而表现出更有环境责任感、尊重旅游目的地文化、注重自我约束的倾向。他们不是通过不负责任、随心所欲的自我放纵来获取愉悦，因为这种愉悦是短暂的、自利的，而是通过自我提高和自我完善来获取更有价值的、更长久的、自利利他的愉悦。

1. 知识旅游者是主动的终身学习者

"求知是人类的本性。我们乐于使用我们的感觉就是一个说明；即使并无实用，人们总爱好感觉，而在诸感觉中，尤重视觉。无论我们将有所作为，或竟是无所作为，较之其他感觉，我们都特爱观看。理由是：能使我们识知事物，并明察事物之间的许多差别，此于五官之中，以得之于视觉者为多"[89]。这是古希腊先哲亚里士多德关于求知的论述。其中先知先觉地指出了旅游与求知的关联。

首先，他指出人类通过运用感官感知周围世界，从而获得丰富的信息并形成自己的知识。其次，他分析人们愿意动用感官，是要满足其求知的欲望。最后，他强调在众多的感觉信息渠道中，视觉起到了非常重要的作用。可以推理出人们爱观看是因为想求知的论断。这会使我们首先想到一个经常和旅游互相替代使用的词语"观光"，其字面意义就是观看、观赏美丽的风光，对于非旅游研究者而言可以说是旅游的代名词。

由生活方式组成的旅游活动是人类本性的反应，也是人们求知过程的阶段。自主学习者是主动地探寻、追求和创造知识的人，知识旅游者是自主学习者，在旅游过程中进行自我导向学习。自我导向学习由个体自主引发和判断自己的学习需要，形成自己的学习目标，寻求学习资源，并选择适当的学习策略和方式。求知是人类的基本需求，知识旅游者是具有或接受终身学习理念的旅游者。

在旅游景区的实地考察中可以观察到很多旅游者的主动求知行为，比如在解说牌前认真观看，仔细听导游讲解，经常对导游的讲解提出问题，时有争辩和讨论，都能够充分反映出旅游者的主动追寻并探索知识的心理。

数据无言理自明，在翠华山地质公园进行的游客调查统计也表明旅游者显著的主动求知倾向，如表 4-1 所示。

表 4-1　游客使用解说牌状况描述

		频率	有效百分比	累积百分比
有效值	1	4	1.3	1.3
	2	29	9.2	10.5
	3	120	38.2	48.7
	4	125	39.8	88.5
	5	36	11.5	100.0
	合计	314	100.0	

其中，有效值表示旅游者对"我总是主动去阅读解说牌"这一描述的认同程度，最高值为5代表非常认同，然后逐渐降低，依次为认同、一般、不太认同、非常不认同。从统计结果来看，在被调查的314名游客当中，主动阅读解说牌的占39.8%，而不主动阅读解说牌的仅占9.2%。另外还有38.2%的旅游者是较为随意地浏览，虽然没有明确意识到自身的求知意向，但或多或少也会从中有所收获，通过改进解说系统以及适当地引领和激发都会有更为外显的求知行为，目前可以称为是潜在的知识旅游者。或者说很难找到一个绝对完美的知识旅游者，但是具有这种知识旅游行为或行为倾向的则大有人在。

2.知识旅游者是环境友好使者

知识旅游倡导环境友好和生态文明，追求人与自然的和谐相处。环境友好是指采取有利于环境保护的生产方式、生活方式、消费方式，建立人与环境之间良性互动的关系[90]。

作为知识旅游活动的参与者，知识旅游者具较强的环境保护意识，并身体力行地去实践，以宣传和带动更多的人加入珍视环境、保护环境的行列中，可以说是未经选拔和培训的环境友好使者。

目前，知识旅游处于初级阶段，知识旅游者的"环境友好"行为首先应具有良好的个人习惯，并力争将其旅游活动对生态环境的负荷和影响减少到现有技术经济条件下的最小。这里所指的良好的个人习惯包括：不乱扔垃圾；不随地吐痰；不随便丢弃废旧电池；不在公共场所吸烟；爱护水源，不在河流中随便乱扔废弃物；爱护公共绿地，不随意践踏公共草地、花圃；尽量减少使用对环境有害的物质；不在公共场所大声喧哗等[91]。

有一些知识旅游者不仅自己不乱丢废弃物，还在旅游过程中捡拾其他游客丢弃的垃圾。英国"世界探索"旅游公司就曾应一些重视环保的游客要求，专门组织"捡垃圾旅游团"到世界各地著名的旅游胜地捡垃圾，每期名额都迅速订满。参团旅游者表示在付出辛劳后有一种成就感[92]。

新华社也曾发表过题为《韩国游客集体捡垃圾提醒我们什么》的评论，通过十一黄金周期间，80多名韩国游客，其中包括30多名儿童，他们在新疆乌鲁木齐市南山旅游景区集体捡垃圾的事例，提醒我国民众，要从自身做起，从现在做起，树立环保意识，而且环保教育要从孩子抓起。

知识经济是促进人与自然协调、可持续发展的经济。知识旅游者在反思以往旅游活动对自然环境的负面影响后，有了较强的环境意识和责任感，并且愿意通过自己的行为宣传环境保育理念，通过每个人的努力让环境变得更美好。

3. 知识旅游者热心公益

在全球关注自然生态和文化生态的国际大背景下，公益旅游也称慈善旅游或义工旅行，在欧美国家源起，并在互联网的传播下，迅速影响到我国沿海发达地区。公益旅游主张旅游者在旅游中承担一些社会责任，如帮助目的地改善教育、文化状况等。越来越多的年轻人开始关注这一旅行方式，我国香港很多学校每年都会组织这样的公益旅游。学生们往往到需要帮助的地方充当志愿者，和目的地居民面对面的交流，有助于他们直观地了解当地的民风民俗。

2007年，上海假期旅行社率先推出国内首条公益旅游线路"黄果树瀑布、天龙屯堡、红枫湖双飞5日游"，该游线路刚一推出就一售而空；同年，该社又组织了以"红苹果公益"为主题的一系列公益旅游项目，收到了很好的效果[93]。

中国唯一出境游品质读本《世界》杂志将2010年命名为"公益旅行元年"，号召中国的出境旅游者在旅途中亲身参与某一公益行为，享受旅行与公益的双重快乐，提倡旅游者在享受世界赠予我们的旅行美妙时光的同时回报爱心给世界[94]。

在旅游发展相对滞后的西部地区，也已经出现了公益旅游的身影。例如较有影响的"多背一公斤"活动，它鼓励旅游者出行时多背一公斤，把文具或书籍等带给沿途贫困落后地区的学校和孩子；在旅途中与孩子们进行面对面的交流，开阔孩子们的视野，激发信心和想象力；进行举手之劳的公益活动来帮助他人；并在归来后通过1kg.cn网站分享需要帮助的学校信息和公益旅游活动经验，发动更多朋友参与。通过传递—交流—分享三个简单的步骤为旅游者带来丰富的旅游体验，并实现良性的公益循环[95]。

虽然国内大部分旅行社尚未重视对公益旅游市场的开发，但民间发起的活动已经表明由于良好的教育背景和较强的社会责任感，知识旅游者普遍具有关爱社会的意识，以及对公益活动的热情。

4. 知识旅游者节制占有意识

由于旅游活动的开展，必须依赖于旅游目的地的相关设施和资源，所以旅游者对旅游目的地不可能没有物质索取。但基于有着较高的社会和环境责任感，知识旅游者在旅游活动的过程中会自觉约束自己，对旅游目的地的物质索取会着意控制在最小的范围内，主要通过购买行为而实现。传统旅游者中因为个人对自身约束欠缺而出现随便触摸、刻画、摘花、拔草、顺手偷拿等不文明的行为将会明显减弱至逐渐消失。文化干涉行为也会因为知识旅游者对当地文化抱有尊重的态度，对自身行为有意识的约束而减弱。

曾经有人用"除了照片什么也不要带走,除了脚印什么也不要留下"来表明环保旅游者所倡导的旅游行为。那么,借用这句宣传口号的形式,知识旅游者则是要:除了照片带走的还有知识,除了脚印留下的还有美好回忆!这里的知识当然是知识旅游者在旅游活动中主动探寻、获取和建构的有关明示性的科学知识和个人的体验性的暗默知识的结合。而回忆则是双向的:一方面,回忆与场景有着密切的联系,当故地重游时,一些平时仿佛忘记的事情、感觉会随着情境的重现而被记忆唤醒,这是旅游者留在景区的记忆;另一方面,由于知识旅游者所表现出的高素质的行为,会给旅游活动的相关利益群体如景区的工作人员和当地居民留下美好的回忆和积极的影响。

4.1.3 知识旅游者群体的构成

1. 潜在的知识旅游者

根据旅游者是否具有主动的求知意识和外显的学习行为,可以将其分为四种类型,即专注探究型、浅尝辄止型、走马观花型和潜移默化型,如图 4-2 所示。

(1) 专注探究型。专注探究型是指具有主动的求知意识和学习动机,并且有外显学习行为的旅游者。这是知识旅游者的主体,也是对知识需求最高的群体,侧重在旅游中通过满足求知需求而获得愉悦。

(2) 浅尝辄止型。浅尝辄止型是指具有学习动机但并没有明显的学习行为的旅游者。这类旅游者更注重求知的轻松愉悦,追求点到为止的浅层次学习。浅尝辄止型旅游者在知识旅游者中为数众多,侧重于愉悦的求知。

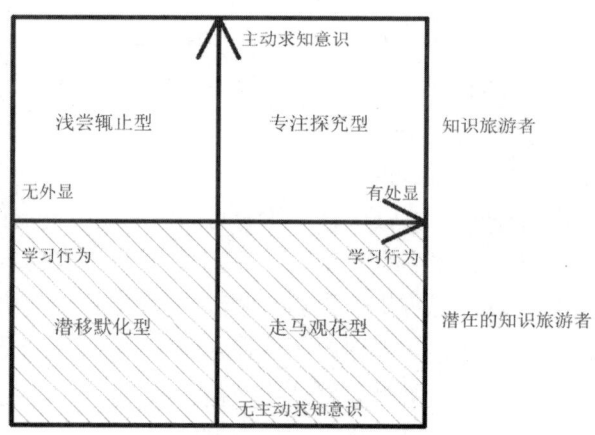

图 4-2 潜在的知识旅游者

（3）走马观花型。走马观花型是指虽然没有意识到自身的求知需要，但出于学习本能而四处观看，有外显的学习行为的旅游者。这类旅游者虽然通过感官获取丰富的信息，但由于没有明确意识指引，求知效果并不明显。目前这一群体数量较大，究其原因是旅游活动和知识获取的密切联系尚未深入公众的普遍意识，为数众多的旅游者仍然认为旅游就是"玩"，与"学"有着明显的界限。尽管有众多学者努力为旅游"正名"，但在传统知识观的影响下，让公众普遍意识到旅游活动的求知意义和旅游的教育职能学术界任重而道远。

（4）潜移默化型。潜移默化型是指既没有意识到自己的求知需求，也没有外显的学习行为的旅游者。即便如此，只要不是坚决闭目塞听的人，总会或多或少地获取信息。

在以上四种类型中，专注探究型和浅尝辄止型因为具有主动的求知意识或学习动机，会对旅游产品的知识含量更为关注，是目前显性的知识旅游者。而走马观花型和潜移默化型虽然在心理上还没有把旅游和求知联系在一起，但由于求知是人类的本能需求，所以即使被动的学习行为也能促进其知识的增长。那些纯粹休闲、观景的旅游者也不会拒绝能在轻松愉快中获得知识，因为动机是主观的，可以迅速转变。如果景区能够提供适当的引导，他们中很大一部分都可能转化为知识旅游者，所以目前可以称他们为潜在的知识旅游者。

2．知识旅游者的职业构成

当前具有主动求知意识和学习动机的知识旅游者主要由学生、白领群体、专业群体和文化创意人士等群体构成[96]。

（1）学生。学生群体是知识旅游的主要参与者，其中大学生和中小学生的求知需求侧重点不同。前者独立性强，自主选择求知的方向、广度和深度，知识旅游一方面开阔眼界，丰富知识，满足好奇心和求知欲；另一方面，缅怀历史，陶冶情操，增强爱国热情和民族自豪感。

后者为未成年人，其求知需求往往受监护人即家长和老师的影响，知识旅游类似于课外教学，学习、求知、体验的目的和需要格外明显。作为需要监护人陪同的旅游者，中小学生群体更有影响力，调查显示很多游客出游的目的是"带孩子增长见识"。同时这一低年龄群体对知识旅游提出了更多层次的需求，由于对教育的重视，家长会关注景区能够提供的教育资源是否符合孩子的接受能力，也会在关注的过程中获取相关信息，根据自身的理解能力提出相应的要求，因此景区的管理人员必须要考虑不同知识水平游客所需知识产品的差异。

（2）白领群体。白领群体主要指受教育程度在本科以上，如公务员、金融、外贸、科教文卫体等行业的从业人员。该群体工作节奏较快，压力较大，渴望在旅游活动中寻找慰藉，放松心情，同时又因受过高等教育，文化素养较高，十分重视储备知识，培养自我创新能力。

（3）专业群体。专业群体是指同类或相关行业的旅游者，该群体多是专家和业内人士，在旅游中进行相关学科的深入研究和实地探索，以不断提升自己的专业素养，顺应知识社会的发展和需要。

（4）文化创意人士。文化创意产业是在全球化的消费社会的背景中发展起来的一门新兴产业，是依靠创意人才的智慧、灵感和想象力，借助高科技对传统文化资源的再创造、再提高，并通过知识产权的开发和运用形成具有创造财富和就业潜力的行业，也是知识经济的产物。

英国是最早提倡创意产业的，他们列出 13 个行业，即广告、建筑艺术、艺术品与文物交易、工艺品制作、时尚设计、时装设计、电影及影像制作、互动休闲软件、音乐制作、表演艺术、出版业、软件开发、电视广播。

旅游能够激发创作的灵感，而创意产业人士的知识创造又会对旅游目的地有直接或间接的宣传，该群体将成为使旅游产品转化为更多财富的推动者和创造者，是知识旅游活动中的关键群体之一。

4.2　知识旅游产品——知识转化的体现

知识旅游产品是旅游组织内部知识转化和创造产生的结果，是组织中知识型员工为旅游者提供的，供旅游者使用或消费的产品，也是旅游组织和旅游者进行知识交流和知识转化的中介，是旅游组织外部知识转化的重点。

4.2.1　知识旅游产品概念

对旅游产品的定义众多，其中广为旅游研究者所接受的是谢彦君对旅游产品的定义：旅游产品是指为满足旅游者的愉悦需要而在一定地域上被生产或开发出来以供销售的物象和劳务的总和。

以"知识旅游产品"为关键词在期刊网上搜索，没有相关的记录，说明这一概念尚未进入学术研究的视野。结合知识产品和旅游产品的概念，本研究尝试对知识旅游产品进行界定，将其定义为：知识旅游产品是指旅游经营者主要通过投入智力资本为满足旅游者愉悦和求知需要而在一定地域上被生产或开发出来以供销售的物象和劳务总和。

知识旅游产品的概念强调由于旅游组织有意识地增加智力资本的投入，从而使得旅游产品具有更高的知识含量。谢彦君分析指出最典型、最核心的旅游产品形式就是已经被开发出来的旅游地。同一旅游地在投入不同的智力资本后开发出的产品是有明显差异的。在旅游地所设计的不同游览线路、主题活动以及讲解内容都是可用于销售的物象和劳务总和，也是知识旅游产品。所以，对于知识旅游产品可进一步细分为广义的知识旅游产品，也就是经过精心规划，并含有丰富知识内涵的新型景区；而狭义的知识旅游产品则是指这些景区中所提供的科普旅游路线、地质博物馆、各种主题活动、环保夏令营等具体项目，而这些游客参与性很强的旅游活动都需要更为合理的解说系统来支持，解说显然是通过投入智力资本为满足旅游者愉悦和求知需要而被开发出来以供销售的物象和劳务总和，同样也属于知识旅游产品。

或者说，旅游景区是整体的知识旅游产品，而其中的参与项目是单项知识旅游产品。无论是广义的知识旅游产品还是狭义的知识旅游产品，其开发都需要深入考察顾客的情况，探索旅游消费者的心理，了解对于他们而言什么是最有吸引力的。能够将知识旅游者自己都没有意识到的需要"表出化"才能够引领市场。从这种意义上来说，知识旅游产品也是一种文化创意产品。

4.2.2　知识旅游产品体系

信息时代，随着现代科技的综合性不断加强，学科的界限越来越模糊，边缘学科的不断涌现也反映出知识是融会贯通的，并没有截然的分界线。所以，在知识旅游的产品体系中虽然依照以往研究的习惯将其细分为地学旅游产品、生态旅游产品、文化旅游产品和宗教旅游产品等，但其中没有间隔，表明这种划分只是显示该类景区对某学科知识的侧重，如图 4-3 所示。

对于不同类型的知识旅游产品，所列景区仅是提供有代表性的例证，并没有完全详尽地列出。而所举景区也主要是出于其行政隶属关系，或依据其有相同的上级主管部门而归于同类。

对于各种旅游景区投入智力资源开发的单项知识旅游产品更是不胜枚举，图 4-3 所举例证主要是一些较为成熟的类型。

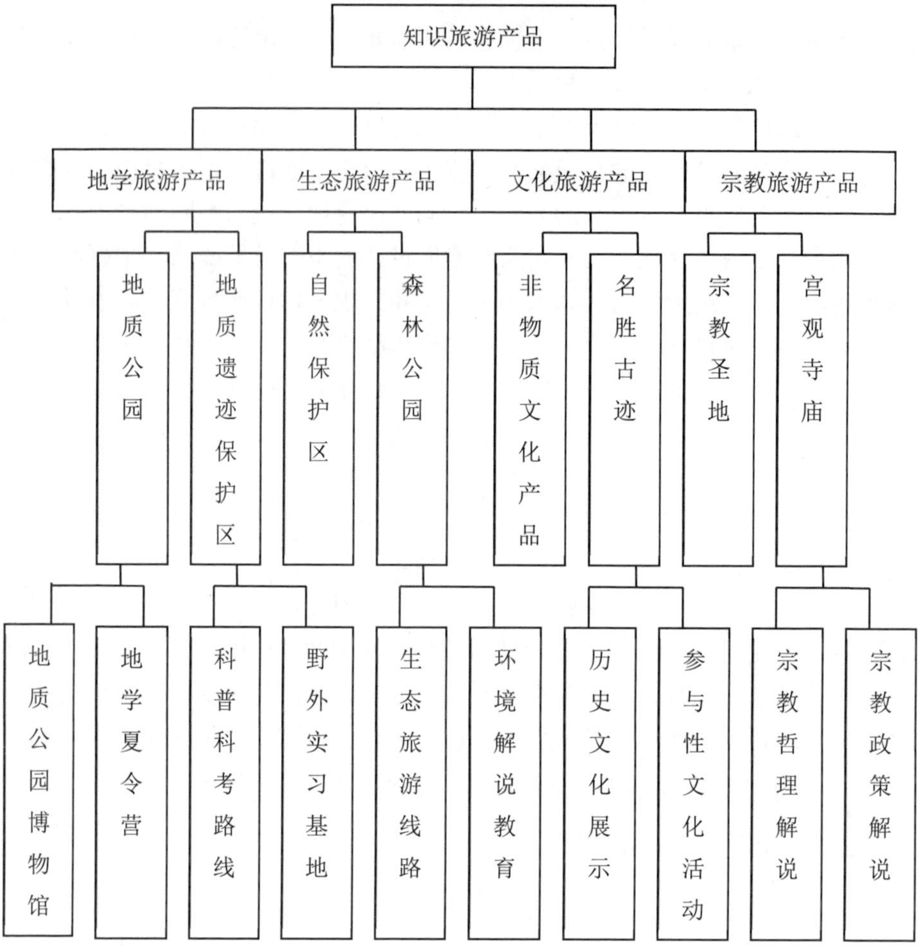

```
                        知识旅游产品
          ┌──────────┬──────────┴───────┬──────────┐
      地学旅游产品  生态旅游产品   文化旅游产品   宗教旅游产品
       ┌──┴──┐     ┌──┴──┐      ┌──┬──┬──┐    ┌──┴──┐
      地质  地质   自然  森林   非物  名胜  宗教  宫观
      公园  遗迹   保护  公园   质文  古迹  圣地  寺庙
            保护   区           化产
            区                  品
```

| 地质公园博物馆 | 地学夏令营 | 科普科考路线 | 野外实习基地 | 生态旅游线路 | 环境解说教育 | 历史文化展示 | 参与性文化活动 | 宗教哲理解说 | 宗教政策解说 |

图 4-3　知识旅游产品体系

4.2.3　知识旅游产品的生命周期

1. 旅游地生命周期延长

1966 年，美国哈佛大学的教授雷蒙德·弗农（Raymond Vemon）首次提出了产品周期理论（product life cycle）。在此基础上巴特勒（Butler）根据经济地理的其他研究成果，提出了旅游地生命周期理论，认为旅游地的发展过程一般依次经历资源发现、开发启动、快速增长、稳定发展、衰落或复苏五个连续的阶段[97]。但这种旅游地发展过程是在以往旅游活动对环境负面影响较强，对相关利益者的漠视和对旅游资源的掠夺性开发所造成的旅游地最终遭到破坏的发展模式，并不能完全套用在作为知识旅游产品的旅游景区。

有学者也提出了巴特勒的旅游地生命周期理论有待完善，指出不应该被动地在衰落期到来时才开发新产品，可以未雨绸缪，在旅游地的快速增长阶段和稳定发展阶段就着手打造新的旅游产品，通过合理的策划管理延长旅游地的生命周期[98]。

作为知识旅游产品的旅游地基于对知识转化的重视会积极主动开发新的知识含量更高的产品，而知识旅游的开展也会尽可能地避免对景区自然环境和社会环境的负面影响，并且通过各种单项知识旅游产品的销售集中打造景区的特色形象。通过有意识地控制、调整和科学的管理，旅游地的生命周期就可以延长[99]。

2. 单项知识旅游产品的生命周期

单项知识旅游产品是通过投入智力资源对现有旅游资源进行创造性使用，主旨在于尽可能地减少物质资源的消耗，而通过游客的活动体验满足其求知愉悦。

知识旅游产品既依赖于有形的实物资源，又超越有形资源，如同书一样，以纸本为形式载体，但其灵魂却是书中以符号表现出的内容。知识旅游景区犹如一部无字书，其内容丰富，需要适当的解说展示给不同需求的知识旅游者。解说系统是对景区丰富内涵的展现和阐释，也是单项知识旅游产品的一种。因此，我们以解说系统为例来探讨单项知识旅游产品的生命周期。

在知识经济学中，传统的"消费"观念被"使用"所扩展，因为对知识产品的"享用"，并不会导致产品的折旧、作废；恰恰相反，知识产品会因被使用的次数增加，而价值升高。对于知识产品而言，传统的"分配"观念将被"传播"所扩展，对于知识旅游产品，传统意义上的旅游消费者应该更恰当地被称为知识旅游产品的使用者。对于单项旅游产品的使用者而言，并不是被动地完全接受，而是会主动影响和改变产品，从而使得单项知识旅游产品有着更新较迅速的特点，相对一般旅游产品其生命周期较短。

4.2.4　知识旅游产品的促销

1. 根据知识层次细分市场

许多知识产品只能分配给已经获得相应知识的人。因为对知识产品的使用需要有一定的知识为基础，所以知识旅游产品的使用也必须有一定的知识积累。

而知识旅游产品因其要求的知识的"前结构"也有了较强的针对性。从市场营销的角度来说，知识旅游产品所针对的细分市场应该以知识层次来划分。

2. 采用高新技术支持

网络技术进步将会持续改变旅游者购买旅游产品的方式，特别是在以下一些方面：

因特网和交互式电视的发展会进一步刺激直接营销和直接订购，旅游消费者能够在家中或办公室就获得更多的旅游产品信息，尤其是因特网作为一种相对经济的宣传手段，可以直接销售，免去各级旅游中间商的费用。

全球销售系统（GDS），通过为旅游者提供详细的信息，实现为旅游者量身定做个性化的旅游产品，所以知识旅游产品可以实现无限多元化。

多媒体系统和因特网科技的发展进一步模糊了旅游宣传和销售的界限[100]。

3. 知识促销

在知识经济时代，每个人都身处信息的海洋，学习成为一种生活方式。旅游产品也因为有更多的智力资源投入而具有丰富的知识内涵，成为知识旅游产品。

对于知识旅游的促销首先是观念的传播，通过各种传媒面向大众进行理念的宣传，改变以往人们对旅游只是"游山玩水"的浅层认知，传播"游也可以学，玩也能增长知识"的观念，从而推动知识旅游的发展。

知识旅游产品的特点是知识含量高，对其使用者也提出了更高的要求，不仅要有主动的求知意识，也要有一定的知识基础，所以知识旅游产品的促销应该从其相关的知识普及入手。

有学者将知识营销阐释为"传道、授业、解惑"[101]，即对知识产品的营销应该从售前、售中和售后三个环节分别采取相应的策略。对于知识旅游产品而言，这种策略尤为重要。

售前注重知识引导或知识铺垫，一方面，通过宣传改变传统旅游者的观念，使公众认识到旅游的教育职能；另一方面，为旅游者提供必要的基础知识，便于他们使用知识旅游产品。

售中注重知识转化，可以让知识旅游者通过情境性的参与和体验，使用知识旅游产品，自主构建自身新的、个性化的知识体系。

售后注重知识传播，旅游者个性化的知识通过感悟，表述传递给他人，比如以网络日记等形式与更多的人分享其通过知识旅游获得的知识，使知识旅游的影响具有了"涟漪效应"。因此,重视开展知识旅游的景区应当加强网站的管理,既能为游客提供分享旅游收获和感受的平台,影响更多潜在的旅游消费者参与到知识旅游活动中来,又为景区管理者提供了解旅游者并改善景区服务,调整知识旅游产品的渠道。

第五章 心理资本对旅游组织中知识转化的影响

5.1 心理资本研究综述

5.1.1 心理资本研究现状

在人力资源管理及组织行为研究中,如何开发积极向上的心理,成为提高组织凝聚力,促进组织内部知识转化,从而增强组织核心竞争力的关键。

近年来,越来越多的心理学家摒弃以往盯住问题、解决问题的消极视角,转而关注如何开发组织和个人追求发展的积极力量,如何让人达到最佳状态,怎样培养和充分开发人的潜能。心理资本就是在积极心理学和积极组织行为学的发展中所产生的重要理念。

心理资本这一概念最早出现在经济学、社会学等文献[102, 103]中。卢桑斯等(Luthans et al.)以积极心理学和积极组织行为的观点为思考框架,在分析经济资本、人力资本和社会资本的特点和区别的基础上,提出了以强调人的积极心理力量为核心的积极心理资本的概念[104],使人们开始关注心理资本及其对领导和员工影响的研究。

卢桑斯和约瑟夫(Luthans & Youssef)认为,心理资本是个体在成长和发展过程中表现出来的一种积极心理状态,具体表现为:(1)在面对充满挑战性的工作时,有信心(自我效能,confidence or self-efficacy)并能付出必要的努力来获得成功;(2)对现在与未来的成功有积极的归因(乐观,optimism);(3)对目标锲而不舍,为取得成功在必要时能调整实现目标的途径(希望,hope);(4)当身处逆境和被问题困扰时,能够持之以恒,迅速复原并超越,以取得成功(韧性,resiliency)[105]。心理资本由自我效能、乐观、希望和韧性四个维度构成,这四种积极心理状态都是个体的基本心理力量,并且都符合积极、独特、有理论和研究基础、可以有效测量和开发、与绩效相关等积极组织行为的标准[106]。

心理资本侧重于研究和开发个体的自身优势和积极心理状态中所蕴藏的潜能。对全面深入理解人的积极力量，提升组织的竞争优势有直接的帮助，为人力资源管理提供了一个更全面、深刻的视角。众多专家、学者和企业管理人员的研究表明构成心理资本的各项积极心理状态都与绩效正相关。对 114 项研究的元分析（A meta-analytical investigation）表明，自我效能和工作绩效之间有较强的正相关，其相关性高于其他广泛公认的影响绩效的组织行为学概念，如目标设置、工作满意度等[107]；乐观与员工的绩效水平和留职率正相关[108-109]；在控制了性别和年龄两个人口统计学变量的效应后，员工的韧性对他们的工作绩效、组织承诺和组织公民行为有积极影响[110]。

各项心理能力不仅会以累加的方式，而且会以协同方式发挥作用，因此整体心理资本对工作绩效和态度结果的正向促进作用远远大于构成它的单项积极心理能力所产生的影响之和。卢桑斯（Luthans，2006）以中国的私营企业和国有企业中的员工为样本，实证探讨了心理资本和工作绩效的关系，研究表明中国员工的心理资本水平和他们的绩效正相关[111]。国内学者也先后进行了一些以中国企业员工为样本的研究，进一步考察了心理资本对员工的组织承诺及组织公民行为的影响，表明心理资本和工作绩效、组织承诺以及组织公民行为之间呈显著正相关[109]，同时也验证了心理资本在我国文化背景中的适用性。

鉴于心理资本是一种状态类（state-like）的个体积极心理力量，而不是倾向性的、相对稳定的、特质类（trait-like）的个性特征[112]，因而是可以改变与开发的。对企业员工的心理资本干预研究表明，有效设计的心理辅导方案是能够帮助企业员工提高心理资本的有效方法[113]。上述研究表明，投资、开发和管理心理资本是组织通过激发个人潜能而获取竞争优势的重要来源，因而对企业人力资源管理实践具有重要意义[114]。

开发和提升员工的心理资本，需要充分认识其心理资本状况。以往学者对于影响心理资本的个体因素的研究较少，尤其是个体因素中最为外显的个人传记特征对心理资本影响的实证研究尚未见到。而个人传记特征在人力资源管理的甄选、培训、组织、调配中具有很强的可操作性，所以本研究不仅在理论上充实了心理资本的干预研究，并且提出新的有效的干预措施，以供旅游组织人力资源管理实践之用。

作为可以测量、改变与开发的状态类个性特征，心理资本对于旅游组织内的知识转化在理论上有显著的影响，但尚未有此方面的实证研究支持，因此本研究提出相应的假设并进行验证。

5.1.2 研究假设的提出

以往研究表明乐观的员工能够积极解读工作中的事件，并常常怀有积极情感。这些积极的情感不仅拓宽了他们的注意力范围，还使他们更容易产生和接纳新观念，从而展现出更高的创造性。旅游组织的成员，如果拥有积极的心理状态，在知识旅游活动中能更主动参与知识转化工作。

因此，本研究假设自我效能、乐观、希望和韧性四种积极心理状态会对旅游组织员工的共同化有积极的影响。

综上所述，本研究的基本假设是：

第一，旅游组织员工的自我效能、乐观、希望和韧性四种积极心理状态，对他们的内在化、客户知识、联结化、共同化、表出化有积极影响。

第二，旅游组织员工的自我效能、乐观、希望和韧性四者构成的心理资本，对他们的内在化、客户知识、联结化、共同化、表出化有积极影响。

5.2 测量工具及样本

5.2.1 测量工具

鉴于学者已经对卢桑斯开发的问卷进行过信度效度检验，也为了便于和同类研究的比较，本研究采用卢桑斯等设计的问卷测量自我效能、乐观、希望和韧性四个变量，每个变量由 6 个项目构成，采用从 1 到 5 的李克特量表，"1"表示"非常不认同"，"5"表示"非常认同"。对于反向记分的项目，经过反向处理后进行统计。同样采用卢桑斯等把自我效能、乐观、希望和韧性四个变量的标准分数相加得到心理资本的测量值。为了保证研究不受先前研究的影响，在实证调查时，将所有的测量条目顺序随机打乱，以确保调查数据的可靠性和稳定性。

由于知识转化的实证研究较为缺乏，并没有成熟量表可以借鉴，因此采用自行设计问卷，从学习意向、外向交流、内向交流、暗默交流、交流氛围五个方面来考察员工的知识转化状况。问卷录入后，采用 SPSS 软件（SPSS17.0）进行统计分析。

5.2.2 样本和取样程序

本研究的样本由陕西翠华山国家地质公园和秦始皇兵马俑博物馆两处知识旅游景区中不同层级的员工组成。研究人员分别于 2010 年 3 月 18 日至 22 日和 3 月 30 日至 4 月 2 日,共发放问卷 620 份,回收问卷 558 份,回收率为 90%,剔除无效问卷 93 份,有效问卷共计 465 份,有效率为 75%。

5.2.3 案例样本描述

样本中男性占的比例较高;所调查的景区员工中年龄在 25—35 岁的占 35.7%,36—45 岁的占 33.1%;受教育程度中大专所占比重最高,然后是高中和本科;工作年限在 5 年以上的占到 70.1%,说明景区的员工构成稳定性较强。具体情况如表 5-1 所示。

表 5-1 样本状况描述

统计量		频率	百分比(%)	统计量		频率	百分比(%)
性别	男	276	59.4	受教育程度	高中以下	36	7.7
	女	189	40.6		高中	129	27.7
年龄	25 岁以下	69	14.8		大专	161	34.6
	25—35 岁	166	35.7		本科	128	27.5
	36—45 岁	154	33.1		硕士以上	11	2.4
	46—55 岁	68	14.6	工作年限	1 年以下	13	2.8
	56 岁以上	8	1.7		1—3 年	73	15.7
职位	高层管理	6	1.3		3—5 年	53	11.4
	中层管理	48	10.3		5—10 年	105	22.6
	职员	411	88.4		10 年以上	221	47.5

5.3 问卷信度检验

对于旅游组织员工的心理资本和知识转化采用问卷调查方法进行测量,并在统计分析之前对问卷的信度进行检测,以确保研究的可信性。

5.3.1 心理资本问卷信度

由 6 个项目构成的乐观子问卷的克朗巴哈(Cronbach's α)一致性系数为

0.58，因此采用计算剔除的克朗巴哈系数 α 的方法，从剔除的信度系数可以看出，当剔除第二项和第五项时，信度系数都是 0.61，相比于 0.58 有所提高，因此剔除该两项后重新计算乐观问卷的 α 一致性系数达到 0.72，不低于可接受的 0.70[115]。希望、韧性和自我效能三个子问卷的 α 一致性系数分别为 0.82、0.76 和 0.80。心理资本的信度为 0.86，总体处于一个较好的观测水平。各研究变量的平均数、标准差、信度系数和相关系数如表 5-2 所示。

表 5-2　心理资本变量的均值、标准差、相关系数和信度系数

	均值	标准差	乐观	自我效能	韧性	希望
乐观	3.65	0.63	0.72			
自我效能	3.52	0.65	0.45	0.82		
韧性	3.60	0.54	0.55	0.49	0.76	
希望	3.64	0.58	0.55	0.61	0.65	0.80
心理资本	14.17	1.81	0.74	0.80	0.82	0.76

其中，乐观、希望、韧性和自我效能的平均值分别是：3.65（$SD=0.63$）、3.64（$SD=0.58$）、3.60（$SD=0.54$）、3.52（$SD=0.65$），以上四个变量都与心理资本有着较强的相关性，说明所调查的旅游景区员工的积极心理状态都在中等偏上，而且有着较高的心理资本水平（均值为 14.17）。

5.3.2　知识转化问卷信度

对于本研究自行开发知识转化问卷进行信度检验，克朗巴哈系数 α 为 0.838，因为量表仅有五个题项，所以这一 α 系数值并不存在扩大内部信度的问题，可以解释为本量表具有很高的内部信度。表 5-3 给出了本研究样本中各测量项目的均值和标准差以及各项之间的相关系数，并且经过皮尔逊相关性检验，每一相关系数均达到在 0.01 水平（双侧）上显著相关。

表 5-3　知识转化变量的均值、标准差、相关系数

	均值	标准差	学习意向	外向交流	内向交流	暗默交流	交流氛围
学习意向	3.95	0.72	1.00				
外向交流	3.89	0.72	0.60	1.00			
内向交流	3.84	0.73	0.43	0.56	1.00		
暗默交流	3.98	0.65	0.53	0.56	0.53	1.00	
交流氛围	3.79	0.66	0.43	0.41	0.57	0.50	1.00

从知识转化变量的均值和标准差情况来看，旅游组织员工更倾向于暗默交流，均值 3.98（SD＝0.65），也有着较强的学习意向，均值 3.95（SD＝0.72）。相比于同事之间的内部知识转化，他们更愿意同外部顾客也就是旅游者进行知识互动（外向交流均值为 3.89＞内向交流均值为 3.84）。而对组织内部的交流氛围也就是知识转化的"场"，显然还有待于管理者有意识地关注和培育。

5.4　旅游组织员工心理资本构成分析

对剔除乐观因素 2 和 5 的各变量进行因子分析，依次删除因子载荷低于 0.5 的因素，进行了三次因子分析，最终结果如表 5-4 所示。

表 5-4　心理资本构成因子分析

维度名称	排序	变量	因子载荷				特征根值	累计方差解释率
			韧性	自我效能	乐观	希望		
韧性	1	韧性5						
		韧性3	0.73					
		韧性6	0.69					
		韧性4	0.66		0.34			
		韧性2	0.61				6.41	31.00%
自我效能	2	自我效能3		0.75				
		自我效能4	0.38	0.71				
		自我效能2		0.70				
		自我效能1		0.68				
		自我效能5	0.39	0.60			2.78	42.95%
乐观	3	乐观6			0.78			
		乐观3			0.77			
		乐观4			0.77			
		乐观1			0.63		2.27	54.38%
希望	4	希望5	0.30			0.75		
		希望4				0.75		
		希望6				0.74	1.71	
		希望1				0.72		63.42%
KMO 度量			0.88					
Bartlett 的球形度检验			近似卡方				3397.09	
			Df				171	
			Sig.				0.000	

从表 5-4 中的数据可以看出，KMO 值为 0.88，数据处于良好的观测水平，不仅表明本研究所使用的变量适用于因子分析的方法，也表明问卷整体具有良好的效度。

另外，巴特利特球形检验值（Bartlett's Test of Sphericity）的方差近似值为 3397.09，自由度为 171，在 0.000 水平统计显著，表明分析数据总体呈正态分布，适合进行因子分析。

从累计解释方差可以看出，前 4 个新因子对总体方差边际贡献率最大，达到 63.42%。虽然该贡献率没有达到 65%以上，但按照国际上通常累计方差解释率达到 45%以上就可以接受的标准[116]，该指标也基本符合要求。

本研究中的旅游景区员工心理资本由四个维度构成，按其特征值排序依次为韧性、自我效能、乐观和希望，对这四个维度进行高阶因子拟合的研究表明，它们属于二阶因子——心理资本[117]。

5.5　心理资本与员工传记特点的关系

本研究采用回归分析法，着重探讨个体因素中个人传记特点对员工心理资本的影响，以性别、年龄、受教育程度、职位、工作年限五项分类变量来描述旅游景区不同员工群体的心理资本差异，从而为人力资源管理者提供参考，便于有针对性地进行心理资本开发，进而促进组织的知识转化。

对分类变量进行回归分析时，必须先将其转换为虚拟变量[118]得到的回归结果才有明确的意义解释。各虚拟变量的参照类分别是：性别，男；年龄组，25 岁以下；受教育程度，高中以下；职位，高层管理；工作年限，1 年以下。以后各章参照类相同的就不再重述。

将上述虚拟变量分为人口因素（性别、年龄）、文化因素（受教育程度）和社会因素（工作年限、职位）逐步带入回归，考察各因素对乐观、希望、韧性和自我效能四种积极心理状态及心理资本的影响。表 5-5 列出了回归分析结果。

表 5-5 对乐观、希望、韧性、自我效能和心理资本的多元回归分析结果

变量	乐观	希望	韧性	自我效能	心理资本
步骤1：人口因素	β	β	β	β	β
女	−0.01	−0.07	−0.01	−0.02	−0.04
25—35 岁	0.05	−0.04	0.16*	0.06	0.07
36—45 岁	0.21**	0.01	0.23**	0.21*	0.16**
46—55 岁	0.07	−0.13*	0.10	0.01	−0.00
56 岁以上	−0.02	−0.01	0.02	0.00	−0.01
R^2	0.03	0.02	0.03	0.01	0.02
F	1.91*	1.97	2.43*	0.74	1.80
步骤2：文化因素					
高中	−0.12	−0.01	−0.06	0.06	−0.03
大专	−0.09	0.10	0.06	0.07	0.05
本科	−0.03	0.13	0.16	0.22*	0.15*
硕士以上	−0.04	0.01	−0.07	0.04	−0.01
R^2	0.04	0.03	0.07	0.03	0.04
$\triangle R^2$	0.01	0.01	0.04**	0.02	0.02
F	1.67	1.57	4.73**	2.78*	2.75*
步骤3：社会因素					
1—3 年	0.01	0.03	−0.08	−0.06	−0.03
3—5 年	−0.07	−0.06	−0.12	−0.10	−0.11
5—10 年	−0.03	−0.20	−0.21	−0.24	−0.22
10 年以上	−0.01	−0.12	−0.04	−0.27	−0.12
中层管理	0.26*	0.10	0.29*	0.33*	0.31*
职员	0.20	−0.06	0.22	0.15	0.16
R^2	0.06	0.08	0.10	0.08	0.08
$\triangle R^2$	0.03*	0.05**	0.04**	0.05**	0.04**
F	2.18*	3.31**	3.15**	3.63**	3.51**

注：*$p<0.05$，**$p<0.01$。

5.5.1 回归分析结果

由回归分析结果可以看出人口因素对于因变量乐观的解释能力为 3%（$p<0.05$），其中年龄在 36—45 岁的旅游景区员工有着较高的乐观水平（β=0.21，$p<0.01$）。引入文化因素后对乐观的解释能力达 4%。社会因素引入对因变量的解释能力增加到 6%，显著增加了 3%（$p<0.05$）。其中，中层管理人员乐观水

平显著高于职员（β＝0.26，p<0.05）。

希望为因变量时，人口因素的解释能力是2%，46—55岁的员工希望水平显著偏低（β＝-0.13，p<0.05）。文化因素进入回归模型后，对希望的解释能力为3%。社会因素的引入使解释能力达到8%，显著增加了5%（p<0.01）。

韧性为因变量时，人口因素解释了方差变异的3%，对因变量有显著的影响，其中25—35岁的员工韧性水平较高（β＝0.16，p<0.05），36—45岁的员工有着更高的韧性水平（β＝0.23，p<0.01）。引入文化因素使得对因变量的解释能力显著增加了4%（p<0.01）。引入社会因素对因变量的解释能力增加到10%，显著增加了4%（p<0.01）。

自我效能为因变量时，人口因素中36—45岁的员工自我效能水平显著较高（β＝0.21，p<0.05）。文化因素引入后对因变量的解释能力显著增加了2%（p<0.05），其中受教育程度为本科的员工有显著较高的自我效能水平（β＝0.22，p<0.05）。引入社会因素后，对因变量的解释能力为8%，显著增加了5%（p<0.01），其中景区中层管理人员的自我效能水平显著高于平均水平（β＝0.33，p<0.05）。

心理资本为因变量时，人口因素解释了其2%的方差变异，36—45岁的员工心理资本水平显著较高（β＝0.16，p<0.01）。文化因素引入后对心理资本的解释能力显著增加了2%（p<0.05），其中受教育程度为本科的员工有显著较高的心理资本水平（β＝0.15，p<0.05）。社会因素的引入使得回归模型对因变量的解释能力为8%，显著增加了4%（p<0.01），其中中层管理人员的心理资本水平显著较高（β＝0.31，p<0.05）。

5.5.2　回归分析的讨论

1. 文化差异在心理资本研究中的影响

心理资本是受文化背景影响的。在因子分析中，基础变量因子负载显著，表明韧性、自我效能、乐观和希望是不同的概念。而按照因子贡献的排序却与国外的研究有所不同，由于自我效能和希望更多以自我为基础，而乐观和韧性更多受到他人和外部环境的影响，因此这些心理能力在个人主义和集体主义的文化中受到的鼓励程度并不相同[105]。本研究也表明了在我国的旅游景区中强调集体主义价值观的中国传统文化影响显著。

2. 人力资本和社会资本对心理资本的影响

在旅游景区的员工中，年龄为36—45岁的群体因为有着更广泛的社会支持和关系网络，其社会资本较为丰富，当身处逆境和被问题困扰时，能够持之以恒，迅速复原并超越，所以在乐观、韧性方面具有较高的积极状态。受教育程度为本科的员工由于其人力资本水平较高（知识、能力），在面对充满挑战性的工作时，有信心并能付出必要的努力来获得成功，表现出较高的自我效能水平。而中层管理者往往是人力资本和社会资本都较优越的群体，对现在与未来的成功有积极的归因，因而其各项积极心理能力都能获得足够支持，而在心理资本层面具有突出优势。

3. 传记特点对与心理资本干预的影响

心理资本的突出特点之一是作为一种状态类（state-like）的个体积极心理力量，能够被开发和提高。一项基于网络的积极干预研究显示，两个小时的训练就可以有效地提高受训者的心理资本水平[119]。相关研究中的实验组和控制组往往都是随机选择的[119, 120]，没有考虑个体因素导致的心理资本差异。既然心理资本是由不同维度构成，对不同员工群体各维度的具体状况进行有针对性地干预应该是更有效的人力资源培训方式。本研究表明了年龄、受教育程度和职位都对心理资本有显著影响，在乐观、希望、韧性和自我效能各维度上的影响力并不相同。传记特点中性别和工作年限对员工心理资本的影响虽然没有达到统计显著，但表示了不同群体各项心理水平的均值差异，对于积极干预的措施选择仍有一定参考价值。性别对心理资本的影响分析显示出旅游景区女性员工的心理资本及各维度的水平都低于男性员工的均值，提示管理人员在心理资本培训中应该注意对女性员工的积极干预。由工作年限的影响分析可见，相对于新员工（工作年限1年以下），工作年限越长的员工群体自我效能均值越低，表明在旅游景区员工中存在工作倦怠问题。而自我效能是可以通过替代学习、积极反馈等途径来开发的[121]。通过高度聚焦的工作场所干预，可以培养自我效能所需要的体验，让工作年限较长的员工感受到乐观向上的状态不是来自环境的转换，而是源自自身持续的行为改变[122]。

5.6 心理资本对知识转化的影响分析

5.6.1 四种积极心理状态对知识转化的影响

本研究对旅游组织员工心理资本的构成进行因子分析的结果表明：旅游景区员工心理资本由四个维度构成，按其特征值排序依次为韧性、自我效能、乐观和希望。这一结果验证了以往心理资本的构成研究，也表明了旅游组织中员工的韧性较为突出。韧性是一种从逆境迅速恢复的能力，具有韧性的人表现为坚定地接受现实、适应重大变化的能力[45]。旅游组织员工的工作环境是复杂多变的，面对形形色色的工作对象，难免会遇到各种问题，必须要根据不同的时空条件采取相应的措施，妥善处理旅游活动中在所难免的意外事件。韧性是其能够胜任工作的心理基础。

将构成旅游组织员工心理资本的韧性、自我效能、乐观和希望四种积极心理状态，分别带入回归模型，在控制了人口因素的回归效应后，分别考察四种积极心理状态对内在化、客户知识、联结化、共同化、表出化的影响，然后对本章的研究假设作出验证。

表 5-6 中的回归分析结果显示作为控制变量的性别和年龄对旅游组织员工的知识转化相关变量基本没有显著影响。只有共同化作为因变量时，女性有略高于男性的倾向（$\beta=0.10$，$p<0.01$），表明在旅游组织中女性更愿意通过帮助同事解决问题来进行暗默知识的交流。年龄则对共同化有负面影响，相比于参照类（年龄在 25 岁以下）各年龄组的 β 均为负值，且随年龄增高绝对值增大，表明年龄越大，越有保守暗默知识的倾向。年龄在 46—55 的员工所有的 β 均为负值，在内在化方面显著较低（$\beta=-0.14$，$p<0.05$）。但总体而言，性别和年龄这两个人口统计学变量对于员工的知识交流和转化并没有太大影响，对各因变量的解释能力都在 2% 以下。

表 5-6 韧性、自我效能、乐观和希望对知识转化变量的多元回归分析结果

变量	内在化	客户知识	联结化	共同化	表出化
步骤1：控制变量	β	β	β	β	β
女	−0.01	0.07	0.06	0.10**	0.07
25—35 岁	−0.01	0.01	−0.03	−0.17**	−0.03
36—45 岁	−0.07	0.00	−0.01	−0.19**	−0.06
46—55 岁	−0.14*	−0.07	−0.03	−0.19**	−0.07
56 岁以上	−0.01	0.02	0.04	−0.03	−0.01
R^2	0.02	0.02	0.00	0.02	0.01
F	1.53	1.74	1.20	1.98	0.85
步骤2：主效应					
韧性	0.19**	0.17**	0.02	0.30**	0.20**
自我效能	0.18**	0.22**	0.17**	0.08	0.06
乐观	0.36**	0.33**	0.58**	0.24**	0.34**
希望	0.13*	0.13*	−0.11*	0.03	0.06
R^2	0.22	0.26	0.38	0.31	0.30
$\triangle R^2$	0.20**	0.24**	0.38**	0.29**	0.29**
F	14.60**	17.85**	32.41**	22.26**	22.23**

注：*$p<0.05$，**$p<0.01$。

在控制了性别和年龄的回归效应后，旅游组织员工的韧性对他们的内在化（β＝0.19，p<0.01）、客户知识（β＝0.17，p<0.01）、共同化（β＝0.30，p<0.01）和表出化（β＝0.20，p<0.01）具有显著的积极影响。

自我效能对他们的内在化（β＝0.18，p<0.01）、客户知识（β＝0.22，p<0.01）、联结化（β＝0.17，p<0.01）具有显著的积极影响。

乐观对旅游组织员工的知识转化有着重要的意义，分析表明乐观对员工的内在化（β＝0.36，p<0.01）、客户知识（β＝0.33，p<0.01）、联结化（β＝0.58，p<0.01）、共同化（β＝0.24，p<0.01）和表出化（β＝0.34，p<0.01）均具有显著的积极影响。

希望对员工的内在化（β＝0.13，p<0.05）、客户知识（β＝0.13，p<0.05）具有较为显著的积极影响。但是需要注意的是希望对于联结化不仅没有积极影响，反而有较为显著的消极影响（β＝-0.11，p<0.05）。究其原因，希望是一种积极的与动机有关的状态，建立在目标导向的主观能动性和实现目标的计划之间的交互作用所产生的成功感的基础上。希望水平较高的员工往往都有明确的工作目标，制定了实现目标的切实可行的行动计划，并为实现目标而努力。组织中的其他成员容易被视为潜在的竞争者，因此阻碍了他们对内的知识交流意向。

以上的分析结果部分验证了本章的第一假设，同时也表明心理资本的四种积极心理状态对组织内的知识转化影响各不相同，甚至还有负面影响，这为今后的进一步研究提供了更全面的视角。

5.6.2 心理资本对知识转化的影响

表5-7列出旅游组织员工心理资本对内在化等知识转化变量的回归分析结果。

分析显示，在控制了性别和年龄这两个人口统计学变量的回归效应后，员工的心理资本对其内在化具有积极的影响作用（β＝0.40，p<0.01）。而且心理资本的引入使回归方程对因变量的解释能力增加到 17%，显著增加了 15%（p<0.01）。

因变量为客户知识时，人口因素的解释能力是 2%，心理资本的引入使解释能力达到20%，显著增加了 18%（p<0.01）。心理资本对客户知识有积极的影响（β＝0.44，p<0.01）。

表 5-7　心理资本对知识转化变量的多元回归分析结果

变量	内在化	客户知识	联结化	共同化	表出化
步骤 1：控制变量	β	β	β	β	β
女	−0.00	0.08	0.06	0.11	0.06
25—35 岁	0.04	0.06	0.02	−0.12	0.01
36—45 岁	−0.01	0.06	0.06	−0.14	−0.02
46—55 岁	−0.08	−0.01	0.03	−0.14	−0.03
56 岁以上	−0.00	0.03	0.04	−0.02	−0.01
R^2	0.02	0.02	0.01	0.02	0.01
F	1.53	1.74	1.20	1.98	0.85
步骤 2：主效应 心理资本	**0.40****	**0.44****	**0.48****	**0.51****	**0.52****
R^2	0.17	0.20	0.24	0.28	0.28
$\triangle R^2$	0.15**	0.18**	0.23**	0.26**	0.27**
F	15.56**	19.59**	24.14**	29.08**	29.16**

注：*$p<0.05$，**$p<0.01$。

联结化作为因变量时，心理资本的引入使回归方程能够解释方差变异的 24%，显著增加了 23%（$p<0.01$），且心理资本对联结化具有积极影响（β=0.48，$p<0.01$）。

因变量为共同化时，引入心理资本使方程对因变量的解释能力达到 28%，显著增加了 26%（$p<0.01$）。标准化系数值表明心理资本对共同化有较强的积极影响（β=0.51，$p<0.01$）。

表出化作为因变量时，心理资本的引入使回归方程的解释能力达 28%，显著增加了 27%（$p<0.01$），且心理资本对表出化也具有显著的积极影响（β=0.52，$p<0.01$）。

上述分析结果表明本章研究的第二个基本假设得到了验证。

5.7　小结

心理资本研究侧重于开发个体的自身优势和积极心理状态中所蕴藏的潜能，在知识旅游管理中有重要的意义。本章在实地问卷调查的基础上，验证了旅游组织员工的心理资本构成，通过因子分析表明旅游组织员工心理资本由四个维度构成，按其特征值排序依次为韧性、自我效能、乐观和希望。

为了便于有针对性地提升员工心理资本，研究了最具有可操作性也是最为外显的员工传记特点与其心理资本的关系。研究结果表明，旅游组织中受教育程度为本科的员工具有较高的自我效能，心理资本水平也较高。年龄在 36—45 岁之间的员工和中层管理者有着较高的韧性、自我效能和乐观水平，因此心理资本水平显著较高。

总体而言，心理资本对于旅游组织中的知识转化有着正向的积极影响，实证分析的结果完全验证了本章研究的第二个基本假设。但是构成心理资本的四种积极心理状态则表现不一，本章研究的第一个基本假设只得到了局部的支持，具体而言：

乐观对内在化、客户知识、联结化、共同化、表出化均有显著的积极影响。

韧性对内在化、客户知识、共同化、表出化有着显著的积极影响。

自我效能对内在化、客户知识、联结化有显著的积极影响。

希望对内在化、客户知识有显著的积极影响，对联结化则有显著的消极影响。

第六章 组织认同对旅游组织中知识转化的影响

6.1 组织认同研究综述

6.1.1 组织认同的概念

1958年马奇和西蒙（March & Simon）提出了第一个详细的组织认同模型，自此之后，组织认同（Organizational Identification，OI）逐渐成为组织行为学领域的一个重要概念和关键变量[123]。

组织认同是一种特殊的社会认同，是在社会认同概念的基础上发展起来的，它指的是由于组织本身的吸引产生组织凝聚。组织认同能够通过对个体的认知和情感的影响来进一步影响个体的行为，实证研究结果表明，认同组织的员工会自觉地为组织利益而工作，产生更多的合作行为[124]，从而使组织绩效得到极大改善。除此而外，组织认同还有较强的路径依赖性，具有竞争对手难以模仿的特性。员工对组织的认同被视为效率的源泉[125]，也势必会成为组织竞争优势的主要来源。

组织认同是组织行为学领域的一个重要研究课题。但对于组织认同的定义，理论界尚未形成共识。里基塔（Riketta）进行的元分析表明，研究者从不同的视角对组织认同进行定义，主要有三种类型：(1)强调组织认同的认知特性，如阿什福斯和迈尔（Ashforth & Mael，1989）将组织认同定义为个体对组织成员感或归属感的认知；(2)强调组织认同的情感特性，如奥莱利和查特曼（O'Reilly & Chatman，1986）将组织认同定义为组织成员基于对组织的吸引和期望，保持在情感上的某种自我定义和心理依附；(3)同时强调认知特性与情感特性，帕琴（Patchen，1970）将组织认同定义为与个体组织其他成员团结、共享特征的感知并表现出支持组织的态度和行为[126]。认知角度的定义强调组织认同侧重于认知结构,而并不必然涉及特定的行为与情感[127];情感角度的定义突出心理依附的特色[128]。本书采纳上述研究归纳的定义:组织认同是个体源于组织成员身份的一种自我构念,是个体认知并内化组织价值观的结果,也是个体在归属感、自豪感和忠诚度等方面流露出的情感归依[129]。一般而言,认同一旦得以构建就会比较牢固,具有一定的持久性。形成组织认同,即形成"我们感"(sence of we-ness)是事业共同体和利益共同体形成的基础。

组织认同度高的员工倾向于把自己当成组织的代表,把集体利益作为他们首先要考虑的因素,容易产生组织公民行为和合作态度,具有高满意度和低离职意愿的特点。

6.1.2 组织认同的测量和维度

目前,组织认同有许多测量方法,比较受学者青睐的有迈尔(Mael)等人开发的单一维度结构,包括六项指标的组织认同量表[130],而其中使用频率比较高的是切尼(Cheney)开发的测量工具。

Patchen 在 1970 年提出了组织认同由三个可识别的维度构成[131]:

1. 成员感(membership)是指员工对组织产生的依附感和情感吸引,源自员工对成员关系的珍惜和作为组织成员的骄傲。

2. 忠诚度(loyalty)是指员工对组织的支持,表现为员工忠诚于组织,对组织的基本目标充满热情。

3. 相似性(similarity)是指员工对组织共同特征的一致性理解,员工遵从共同价值观和目标,并能够用共同特征来表达认知到的相似性。

切尼以这一理论为基础开发了目前使用最广泛的组织认同测量问卷 OIQ(Organizational Identification Questionnaire)[132],题目包括"作为本公司的一名员工,我感到很自豪""我非常在意本公司的命运"等 12 个,本书也引用这一量表来进行旅游组织内员工组织认同的测量。

6.1.3 研究假设

在知识旅游的潮流中,研究旅游组织员工的组织认同及知识转化问题,就显得十分必要。以往的许多研究表明,组织认同对组织的发展形成了显著影响。

目前组织行为学领域的组织认同研究,多集中在工作满意度、组织公民行为等方面,在知识转化方面则近乎空白。由于旅游组织内的知识转化是非常依赖员工主观意愿的,那么其是否会受到属于心理感知方面的组织认同的影响,组织认同与心理资本是否相关,组织认同是否会对知识转化有积极的影响,是本章要研究的问题。

以往研究显示，组织认同与工作参与有较高的相关性[18]，能将自我概念提升到群体水平，并增强员工间的合作，组织认同的强度会对组织内部合作产生显著影响[133]。

从个人层面尤其是外显性最强的个人传记特点看，以往的研究者发现工作年限、成员新鲜感会影响组织认同。迈尔（Mael，1992）的研究表明工作年限对组织认同有正向影响（$\beta=0.12$，$p<0.05$），可以解释为工作年限越长的员工组织认同程度越高。但是鲍姆柏和艾耶（Bamber & Iyer，2002）的研究则发现工作年限对组织认同的影响并不显著[134]。

显然，关于工作年限对于组织认同的影响存在不同的结论，还有待进一步论证。而以旅游组织员工为样本的组织认同研究尚属空白，所以本书拟以实证调查资料验证工作年限及其他个人传记特征对员工组织认同的影响。

受我国传统文化的影响，员工工作期限越长往往归属感和依赖感越强，所以：

假设一：工作年限对员工组织认同有正向影响。

假设二：组织认同会对组织内知识转化的内在化、客户知识、联结化、共同化、表出化等方面有积极影响。

假设三：心理资本会对组织认同有影响。

6.2　组织认同的结构维度分析

6.2.1　问卷的信度分析

对组织认同量表进行信度检验，其中由 3 个项目构成的成员感子问卷的 a 一致性系数为 0.80；由 6 个项目构成的忠诚度子问卷的 a 一致性系数为 0.88；由 3 个项目构成的相似性子问卷的 a 一致性系数为 0.81。

整体量表的内部一致性系数 Cronbach' α 值为 0.927，表明本量表具有很高的内部信度。各研究变量的平均数、标准差、相关系数和信度系数见表 6-1。

表 6-1　组织认同变量的均值、标准差、相关系数和信度系数

	均值	标准差	成员感	忠诚度	相似性
成员感	3.41	0.76	**0.80**		
忠诚度	3.38	0.74	0.80	**0.88**	
相似性	3.73	0.77	0.61	0.73	**0.81**
组织认同	10.52	2.05	0.89	0.94	0.87

6.2.2 因子分析

为了验证组织认同的结构维度，需要对调查数据进行因子分析，而使用因子分析的前提条件是观测变量之间应该有较强的相关关系。

因此采用 SPSS 提供的统计量 KMO 测度来衡量。数据分析显示 KMO 测度值为 0.94，表明观测变量非常适合做因子分析（见表 6-2）。

表 6-2　组织认同构成因子分析

维度名称	排序	变量	因子载荷		特征根值	累计方差解释率
			忠诚度	成员感		
忠诚度	1	忠诚度5	0.80			
		成员感2	0.80			
		忠诚度4	0.80			
		忠诚度6	0.79			
		成员感1	0.78			
		忠诚度1	0.77			
		相似性2	0.77			
		相似性3	0.74			
		忠诚度3	0.74			
		相似性1	0.73			
		忠诚度2	0.70		6.72	55.96%
成员感	2	成员感3	0.54	0.68	1.03	64.53%
KMO 度量						0.94
Bartlett 的球形度检验			近似卡方			3251.603
			Df			66
			Sig.			0.000

结合特征值准则，观察数据分析的碎石图可知，曲线从第三点开始变得平缓，所以提取的最大因子数是 2 个。

对实证调查数据进行因子分析的结果显示，旅游组织员工的组织认同为两维度结构，如图 6-1 所示。

根据较高载荷的变量决定因子名称的原则，分别将两个因子命名为忠诚度和成员感，其中第一因子的特征根值为 6.72，方差解释量为 55.96%。第二因子的特征根值为 1.03，两个因子的累计解释的方差比例达 64.53%。

如果仅依据上述分析便判断组织认同为两维度结构，似乎也存在问题：

其一，第二个维度里面只有一个测项，在因子分析中实属少见。

其二，第二维度的测项在第一维度的因子载荷也比较高，如果按照绝对值大于 0.3 的因子载荷就可以视为显著的标准，将其归并在第一维度也属有据可依。

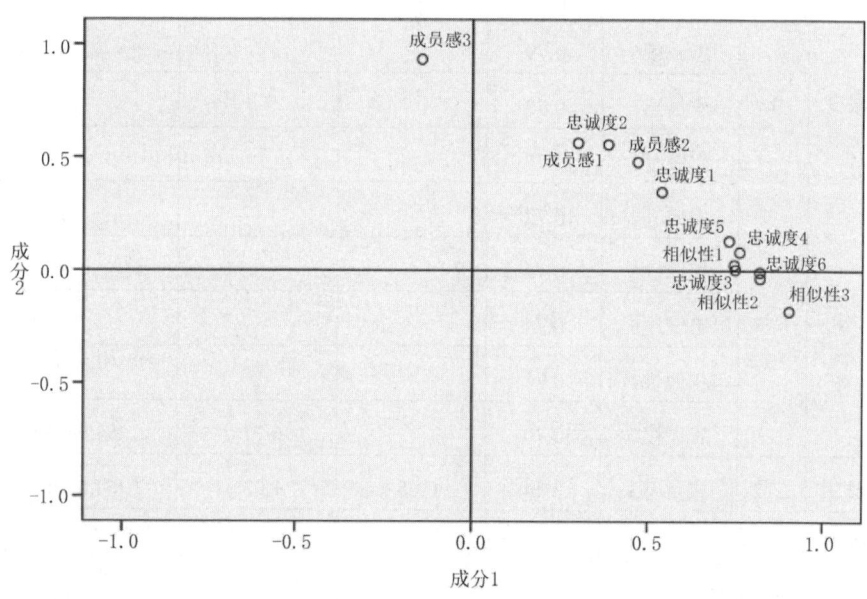

图 6-1　因子负载图

基于以上疑问，查询并参考了以往相关研究资料（见表 6-3），发现其他研究也表明该量表为单一维度结构，如切尼等指出单一因子可以解释方差变异的 86%[132]。

表 6-3　以往研究中对组织认同的因子分析

项目	因子载荷	相关研究
成员感		
1. 作为本公司的一名员工我感到很自豪	0.778	Buchanan，1974
2. 我向朋友赞扬本公司是值得效力而且很卓越的组织	0.757	Buchanan，1974
3. 我非常在意本公司的命运	0.535	Mowday et al.1979 Porter&Smith，1970
忠诚度		
1. 作为工作的地方，本公司给我一种温暖的感觉	0.771	Buchanan，1974
2. 我很愿意在本公司度过我职业生涯的剩余时间	0.752	Buchanan，1974
3. 在本公司的工作经历，能够成为一个人有成就的例证	0.678	Buchanan，1974
4. 我可以把本公司形容为一个"大家庭"，大部分成员都有一种归属感	0.785	Hall et al.1970
5. 我很高兴选择了为本公司工作，而不是其他公司	0.829	Mowday et al.1979 Porter&Smith，1970
6. 我觉得本公司很关心我	0.728	Mowday et al.1979 Porter&Smith，1970
相似性		
1. 公司在社会上的形象能够很好地代表我	0.743	Cheney，1982
2. 我发现我很容易认同这家公司	0.794	Cheney，1982
3. 我发现我的价值观和本公司的价值观很相似	0.778	Mowday et al.1979 Porter&Smith，1970
特征根	7.129	
累积方差解释量	59.410	

资料来源：魏钧. 组织契合与认同研究：中国传统文化对现代组织的影响[M]. 北京：北京大学出版社，2008.

请教有关专家并和老师、同学探讨，考虑到组织认同是从认知和情感两方面进行的研究，查阅相关心理学文献，对此问题有了更深入的了解。

关于情感和认知的最新研究表明，情感的定义主要是以认知为中心来界定，如果从过程和功能上或从信息加工的角度给情感下定义，情感的许多例证也是认知的例证。可以说情感与认知的两分法是时代的错误，学者们对情绪与认知的认识经历了从对立到统一，从隶属、分离、整合到互倚性过程[135]。

在此基础上,对上述因子分析可以得出另外一种结论:此种情况也可以解释为该组织认同量表为单一维度结构,即忠诚度是组织认同的核心,是组织最显著的因子。鉴于对组织认同的结构维度分析得到的两种不同结论,后续的研究将会分别对其进行探讨。

6.3 组织认同与员工传记特点的关系

6.3.1 回归分析结果

考察个人传记特点对组织认同的影响属于对组织认同前因变量的探索。表6-4列出了旅游组织员工个人传记特征对组织认同变量的回归分析结果。

表6-4 对忠诚度、成员感和组织认同的多元回归分析结果

变量	忠诚度	成员感	组织认同
步骤1:人口因素	β	β	β
女	−0.02	0.02	−0.02
25—35 岁	0.23*	0.10	0.23*
36—45 岁	0.30**	0.14	0.30**
46—55 岁	0.19*	0.07	0.19*
56 岁以上	0.09	0.04	0.09
R^2	0.02	0.01	0.02
F	1.50	1.00	1.53
步骤2:文化因素			
高中	−0.03	−0.03	−0.08
大专	0.04	0.04	−0.10
本科	0.06	0.06	−0.04
硕士以上	−0.09	−0.09	−0.09
R^2	0.02	0.03	0.02
△R^2	0.00	0.02	0.00
F	1.13	1.36	1.21
步骤3:社会因素			
1—3 年	0.08	0.04	0.08
3—5 年	−0.02	0.02	−0.02
5—10 年	−0.10	−0.02	−0.10
10 年以上	−0.07	0.02	−0.06
中层管理	0.19	0.05	0.19
职员	0.07	−0.01	0.06
R^2	0.05	0.03	0.05
△R^2	0.03	0.00	0.03
F	1.56	0.96	1.58

注:*$p<0.05$,**$p<0.01$。

由回归分析结果可以看出，人口因素对于因变量忠诚度的解释能力为 2%。其中，年龄在 36—45 岁的旅游组织员工有着相对较高的忠诚度（β=0.30，p<0.01）；25—35 岁和 46—55 岁组的员工组织认同程度也显著高于参照类，β 值分别为 0.23 和 0.19（p<0.05）。引入文化因素后对忠诚度的解释能力几乎没有影响；引入社会因素对因变量的解释能力为 5%，三类因素对忠诚度的解释都不显著。

因变量为成员感时，人口因素的解释能力是 1%，文化因素进入回归模型后，对成员感的解释能力为 3%。社会因素的引入并没有增强方程的解释能力，各因素对于成员感的解释都没有达到显著的水平。

组织认同作为因变量时，人口因素解释了方差变异的 2%，对因变量影响不显著，其中 25—35 岁的员工组织认同程度较高（β=0.23，p<0.05），36—45 岁的员工有着更高的组织认同（β=0.30，p<0.01），46—55 岁的员工组织认同程度也高于参照类（β=0.19，p<0.05）。引入文化因素未能对因变量的解释能力显著增加；引入社会因素对因变量的总体解释能力也仅为 5%，而且尚未达到统计显著。

6.3.2 分析结果讨论

本研究的数据分析显示出人口因素中的性别与文化因素中的受教育程度以及社会因素中的工作年限和职位对忠诚度、成员感和二者构成的组织认同都没有显著的影响。分析结果未能支持假设一，从而得出了与鲍姆柏和艾耶（Bamber & Iyer，2002）相同的研究结论，即工作年限对组织认同的影响不显著。

但是通过对旅游组织员工的数据进行分析显示个人传记特征中，年龄对成员的忠诚度和组织认同有影响，尤其是年龄在 36—45 岁组的员工表现出较高的忠诚度和组织认同。

6.4　组织认同对知识转化的影响分析

组织认同作为一种特殊的社会认同，是指由于组织本身的吸引产生组织凝聚。组织认同能够通过对个体的认知和情感的影响来进一步影响个体的行为。

组织认同度高的员工倾向于把他们自己当成组织的代表，把集体利益作为他们首先要考虑的因素，容易产生组织公民行为和合作态度，具有高满意度和低离职意愿的特点。

组织认同感会对员工的心理与行为产生影响,所以从理论上讲,组织认同也会影响组织内部的知识转化。本研究力图通过实证分析对这一理论假设进行检验,也是对组织认同的结果进行有益的探索。

对组织认同的构成进行因子分析得出两种可能的结论:

(1) 组织认同由忠诚度和成员感两个维度构成。

(2) 组织认同是单一维度结构。

因此,本节分别对两种可能结构的组织认同对知识转化的影响进行分析。

6.4.1 组织认同构成因子对知识转化的影响

表 6-5 列出了旅游组织员工组织认同的构成因子对内在化等知识转化变量的回归分析结果。

分析表明,在控制了性别和年龄这两个人口统计学变量的回归效应后,员工的忠诚度对其内在化具有积极的影响作用($\beta=0.21$, $p<0.01$)。

成员感的影响则不够显著,而且主效应的引入使回归方程对因变量的解释能力增加到 8%,显著增加了 6%($p<0.01$)。

忠诚度对客户知识($\beta=0.26$, $p<0.01$)、联结化($\beta=0.32$, $p<0.01$)、共同化($\beta=0.16$, $p<0.01$)和表出化($\beta=0.24$, $p<0.01$)都有显著的正向影响。

成员感则对共同化的积极影响显著($\beta=0.17$, $p<0.01$),而且其影响程度略大于忠诚度,对表出化也有显著的正向影响($\beta=0.14$, $p<0.01$),但对与内在化、客户知识和联结化则影响并不显著。

表 6-5 忠诚度、成员感对知识转化变量的多元回归分析结果

变量	内在化	客户知识	联结化	共同化	表出化
步骤1: 控制变量	β	β	β	β	β
女	−0.01	0.07	0.05	0.09	0.05
25—35 岁	0.04	0.06	0.02	−0.12	0.00
36—45 岁	0.01	0.08	0.08	−0.12	0.00
46—55 岁	−0.10	−0.04	−0.00	−0.17	−0.06
56 岁以上	−0.02	0.00	0.01	−0.05	−0.04
R^2	0.02	0.02	0.01	0.02	0.01
F	1.53	1.74	1.20	1.98	0.85
步骤2: 主效应					
忠诚度	0.21**	0.26**	0.32**	0.16**	0.24**
成员感	0.08	0.09	0.01	0.17**	0.14**
R^2	0.08	0.12	0.11	0.10	0.10
$\triangle R^2$	0.06**	0.10**	0.10**	0.08**	0.09**
F	6.00**	8.54**	8.36**	7.20**	8.43**

注: *$p<0.05$, **$p<0.01$。

6.4.2 组织认同对知识转化的影响

表 6-6 列出了旅游组织员工组织认同对内在化等知识转化变量的回归分析结果。

分析显示，在控制了性别和年龄这两个人口统计学变量的回归效应后，员工的组织认同对其内在化具有积极的影响作用（β=0.26，p<0.01），而且组织认同的引入使回归方程对因变量的解释能力增加到 9%，显著增加了 7%（p<0.01）。

因变量为客户知识时，人口因素的解释能力是 2%，组织认同的引入使解释能力达到 12%，显著增加了 10%（p<0.01）。组织认同对客户知识有积极的影响（β=0.32，p<0.01）。

联结化作为因变量时，组织认同的引入使回归方程能够解释方差变异的 12%，显著增加了 11%（p<0.01），且组织认同对联结化具有积极影响（β=0.32，p<0.01）。

因变量为共同化时，引入组织认同使方程对因变量的解释能力达到 9%，显著增加了 7%（p<0.01）。标准化系数值表明组织认同对共同化有较强的积极影响（β=0.26，p<0.01）。

表出化作为因变量时，组织认同的引入使回归方程的解释能力达 11%，显著增加了 10%（p<0.01），且组织认同对表出化也具有显著的积极影响（β=0.32，p<0.01）。

上述分析结果表明本章研究的基本假设得到了验证。

表 6-6 组织认同对知识转化变量的回归分析结果

变量	内在化	客户知识	联结化	共同化	表出化
步骤 1：控制变量	β	β	β	β	β
女	-0.008	0.072	0.052	0.097	0.058
25—35 岁	0.042	0.066	0.022	-0.113	0.012
36—45 岁	0.011	0.078	0.081	-0.108	0.010
46—55 岁	-0.107	-0.039	-0.002	-0.171	-0.060
56 岁以上	-0.022	0.007	0.012	-0.046	-0.033
R^2	0.02	0.02	0.01	0.02	0.01
F	1.53	1.74	1.20	1.98	0.85
步骤 2：主效应 组织认同	0.26**	0.32**	0.32**	0.26**	0.32**
R^2	0.09	0.12	0.12	0.09	0.11
△R^2	0.07**	0.10**	0.11**	0.07**	0.10**
F	7.07**	10.28**	9.89**	7.18**	9.39**

注：*$p<0.05$，**$p<0.01$。

6.4.3 组织认同与心理资本的关系

第五章分析了心理资本对知识转化有着显著的积极影响。但是，相对而言，心理资本个体的状态类心理能力，相关性检验表明心理资本与组织认同有着较高的相关性，Pearson 相关系数为 0.597 并在 0.01 水平（双侧）上检验显著。心理资本与忠诚度的 Pearson 相关系数为 0.548 并在 0.01 水平（双侧）上检验显著。心理资本与成员感的 Pearson 相关系数为 0.465 并在 0.01 水平（双侧）上检验显著。

进一步以心理资本的各个构成部分作为自变量对组织认同进行回归分析，结果见表 6-7。可以看出，整体心理资本对组织认同的影响大于构成心理资本的各部分影响之和。四种积极心理状态解释了组织认同变化的 41.3%（$p<0.01$），其中自我效能的影响最为显著（$\beta=0.402$，$p<0.01$）。

表 6-7　心理资本对组织认同的回归分析结果

变量	忠诚度	成员感	组织认同
	β	β	β
希望	0.237**	0.245**	0.256**
韧性	−0.073	0.021	−0.102*
乐观	0.162**	0.108*	0.191**
自我效能	0.357**	0.254**	0.402**
R^2	0.341	0.274	0.413
F	59.490**	43.438**	80.915**

注：* $p<0.05$，** $p<0.01$。

数据分析显示，构成心理资本的四种积极状态作为自变量对忠诚度和成员感都有较强的解释能力，分别为 34.1% 和 27.4%（$p<0.01$）。其中，自我效能的正向影响最为显著，其次是希望。而令人费解的是韧性对组织认同居然有较为显著的负面影响（$\beta=-0.102$，$p<0.05$），其原因还有待进一步深入研究。

尽管韧性对组织认同有消极影响，另外三种心理力量希望、乐观和自我效能都对组织认同有显著的正向影响。因此，总体上心理资本是与组织认同呈正相关，本章研究假设三得到证实。

心理资本的增长有助于组织认同的提升，两者对组织中的知识转化有明显促进作用，因此旅游组织中知识员工创造知识旅游产品的机制可以用图 6-2 表示。这个知识管理的流程图是在实证分析的基础上，探索影响知识员工进行知识转化的因素，并初步确定了心理资本和组织认同对知识转化有显著的正向影响，进而提出可以通过对这两个可测量、可干预的组织行为变量的主动提升，来促进组织中的知识转化。解决了以往知识管理缺乏路径引导的"黑盒子"问题，为旅游组织实施知识管理提供了可操作性较强的模式。

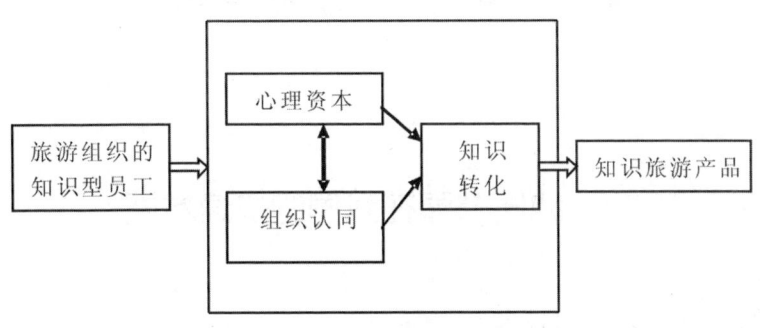

图 6-2　知识转化影响因素

第七章 地质公园的知识旅游

7.1 地质公园在我国的快速发展

7.1.1 地质公园的概念

根据联合国教科文组织和我国自然资源部的官方定义：地质公园是以具有特殊地质科学意义，稀有的自然属性，较高的美学观赏价值，具有一定规模和分布范围的地质遗迹景观为主体，并融合其他自然景观与人文景观而构成的一种独特的自然区域[136]。

其中，地质遗迹（Geological Relics）是指在地球演化的漫长地质历史时期，由于内外动力的地质作用，形成发展并遗留下来的不可再生的地质自然遗产[137]。它既包括山水名胜、自然风光等地貌遗迹，也包括在晚近地质历史时期人类形成过程中，人类与地质体相互作用和人类开发利用地质环境、地质资源的遗迹以及地质灾害遗迹等。

地质遗迹景观就是在某个区域内的具有美学特征的地质遗迹及依附其上的生态系统共同构成的景观，具有的科学性、典型性、稀有性和观赏性等特点，是人们增进对生存环境深入了解的不可多得的资源。

建立地质公园的宗旨主要有三个：一是对典型的、稀缺的不可再生的地质遗迹景观资源和其赖以存在的自然生态环境的保护；二是促进地学研究的开展和公众地学知识的普及；三是通过提供高知识含量和科学品位的旅游产品，为旅游者提供内涵丰富的旅游、休闲、娱乐场所。

从地质公园建立的宗旨可以看出，地质公园符合知识旅游的指导思想。首先，地质公园可以保护稀有资源和自然生态环境，以可持续利用为主导思想。其次，地质公园强调其科研和教育职能，旨在为学术研究提供实践平台，又为公众学习地学科普知识提供生动直观的天然课堂，也是进行公众教育的有效工具[138]。最后，地质公园开展的旅游活动注重知识含量和科学品位，注重寓学于游、寓教于乐，让游客在轻松美好的环境中获得求知的愉悦感。可以说地质公园既是广义的知识旅游产品，也是开展知识旅游活动的理想场所。

7.1.2 我国的地质公园体系

我国的地质遗迹资源丰富，种类齐全，也是地学多样性较为突出的少数国家之一。为了响应联合国教科文组织（UNESCO）提出的建立地质公园计划，我国先后五批建立了138处国家地质公园，并积极建设、申报世界地质公园，还有众多的省市级地质公园共同构成一个序列明晰的地质公园体系。可以说我国是开展地质遗迹保护最好的国家，在推进地质公园的建立方面走在世界的前列[139-140]。

1. 我国的世界地质公园

1999年联合国教科文组织提出了建立地质公园的计划，2003年2月决定在全球范围内建立世界地质公园网络，并于2004年6月，在北京召开了第一届世界地质公园大会。截至目前，世界地质公园网络共有64个成员，分布在全球19个国家。其中，我国有22个，占到三分之一强，如表7-1所示。

2. 我国的国家地质公园

1992年12月，我国自然资源部召开"全国地质地貌景观保护工作会议"，会上提出围绕"在保护中开发，在开发中保护"的思想建立国家地质公园的设想，并于2001年3月首批审批了11个国家地质公园[141]。迄今为止，先后五批共建有国家地质公园138处，广泛分布在我国的各个区域。

7.1.3 地质公园的影响

1. 地质公园促进了旅游地学研究的进展

通过统计旅游地学相关文献的年度分布后发现，近30年来我国的旅游地学研究分为三个阶段，即1988年之前的缓慢起步、个别发展阶段，1988—1998年重点发展、学科奠基阶段，1999年以来的快速增长、全面发展阶段[142]。而在我国地质公园的建设起步即2001年以后，可以看出旅游地学文献的数量呈现逐年递增的趋势（见图7-1），表明了地质公园为旅游地学的研究提供了相应的平台，从而推动了旅游地学研究的进步。

表 7-1 中国世界地质公园统计表

批次	名称	批次	名称
第一批	安徽黄山地质公园（Huangshan Geopark） 江西庐山地质公园（Lushan Geopark） 河南云台山地质公园（Yuntaishan Geopark） 云南石林地质公园（Stone Forest Geopark） 广东丹霞山地质公园（Danxiashan Geopark） 湖南张家界砂岩峰林地质公园（Zhangjiajie Sandstone Peak Forest Geopark） 黑龙江五大连池地质公园（Wudalianchi Geopark） 河南嵩山地质公园（Songshan Geopark）	第三批	山东泰山地质公园（Mount Taishan Geopark） 河南王屋山—黛眉山地质公园（Wangwushan-Daimeishan Geopark） 雷琼地质公园（Leiqiong Geopark） 北京房山地质公园（Fangshan Geopark） 黑龙江镜泊湖地质公园（Jingpohu Geopark）
第二批	浙江雁荡山地质公园（Yandangshan Geopark） 福建泰宁地质公园（Taining Geopark） 内蒙古克什克腾地质公园（Hexigten Geopark） 四川宜宾兴文石海地质公园（Xingwen Geopark）	第四批	河南伏牛山地质公园（Funiushan Geopark） 江西龙虎山地质公园（Longhushan Geopark） 四川自贡地质公园（Zigong Geopark）
		第五批	内蒙古阿拉善沙漠地质公园（Alxa Desert Geopark） 陕西秦岭终南山地质公园（Zhongnanshan Geopark）

资料来源：根据世界地质公园网络资料整理。

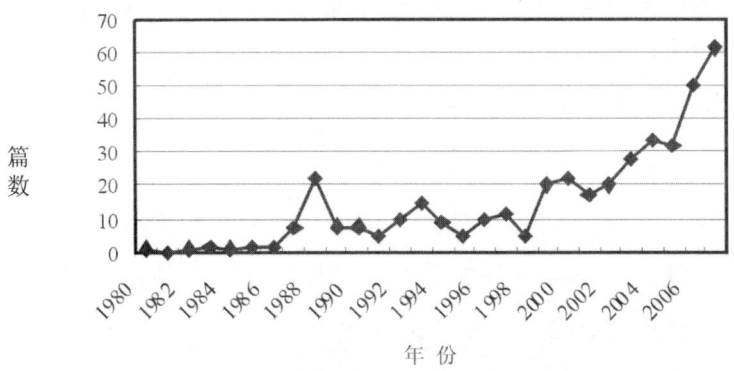

图 7-1　旅游地学文献数量的逐年变化

资料来源：彭永祥，吴成基，张玲. 1980 年以来中国旅游地学研究文献分析 [J]. 地理科学进展，2009，28（05）：724.

2. 地质公园带动属地经济发展

云台山是我国首批入选的世界地质公园，其所属地为河南省焦作市。当地政府以世界地质公园为龙头支持和带动当地旅游业的发展，取得了令人瞩目的成绩，被称为旅游发展中的"焦作现象"或"焦作模式"。焦作市的旅游收入在云台山世界地质公园这一金字招牌获得市场认可后，直线上升（见图 7-2）。

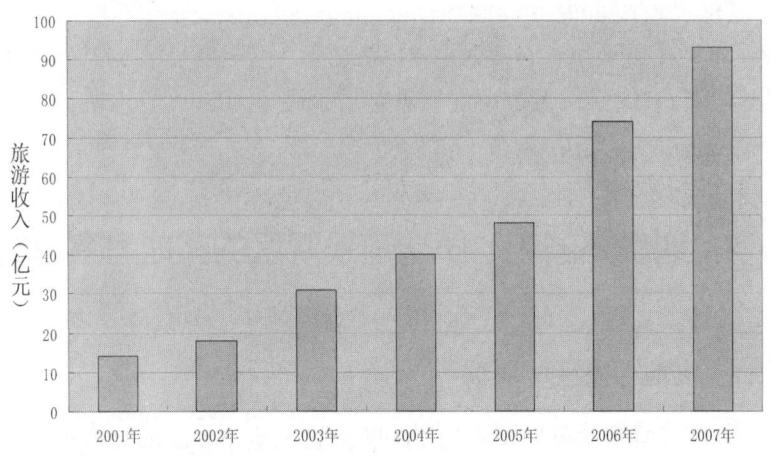

图 7-2　云台山地质公园带动焦作旅游收入增长图

资料来源：根据焦作统计信息网绘制。

焦作市内星级宾馆和饭店的数量也由 2001 年的 9 家迅速增长,截至 2007 年,已达 25 家[143]。全市旅游接待总人次,仅在 2003 年由于受非典疫情影响而有所回落,总体呈现逐年快速增长的趋势(见图 7-3)。

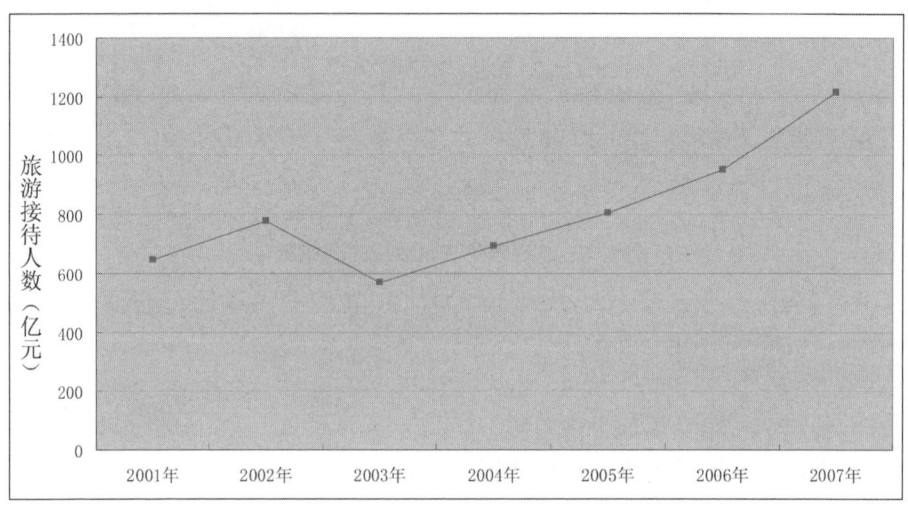

图 7-3　云台山地质公园带动焦作旅游接待人数增长图

资料来源:根据焦作统计信息网绘制。

2006 年焦作市旅游综合收入达 73.97 亿元,同比增长了 54.91%,在焦作市国内生产总值(GDP)总量中所占比重首次超过了 10%[144]。地质公园对于属地经济发展的强力推动作用由此可见一斑。

7.2　地质公园和地质遗迹景观区的实地考察总结

7.2.1　实地考察区域概况

笔者在攻读博士学位期间,先后跟随身为地质学专家的导师实地考察了我国的泰宁世界地质公园、黄河壶口瀑布国家地质公园、二连恐龙地质公园、陕西延川黄河蛇曲国家地质公园、白水洋国家地质公园和神河源岩溶地质遗迹区、佳县红土柱地质遗迹区。现将其各自的地质概况汇总如表 7-2 所示。

表 7-2　实地考察景区概况表

名称	所在地	面积（平方公里）	景观特色	地学成因及意义
泰宁世界地质公园	福建省西北部三明市	492.5	公园有四大奇观：一是水上丹霞奇观，二是峡谷曲流奇观，三是丹霞洞穴奇观，四是花岗岩地貌奇观	处在西太平洋活动大陆边缘的典型地带，连续发育晚三叠世、侏罗纪、白垩纪、新近纪及第四纪地层，保存着中国东部地区极为罕见的岩浆及构造活动记录。公园内沉积岩、侵入岩、火山岩、变质岩四大岩类，出露齐全，是研究中生代西太平洋活动大陆边缘地质历史构造演化的理想场所，具有极高的科研和保护价值
黄河壶口瀑布国家地质公园	陕西省宜川县	30	黄河壶口瀑布、黄河河川景观	景区河谷地带河床节理密布、岩性软硬相间以及新构造运动所造成的地壳上升，加剧了河床的深切过程。瀑布形成以后，由于侵蚀作用和由此产生的瀑布逐渐后退现象，演化形成了谷中谷。河谷两岸群山岩层沿节理风化崩塌形成了众多的奇峰异石。峡谷间河床上广泛分布侧蚀窝穴、陡坎和侵蚀台地
白水洋地质公园	福建省东北部宁德市	77.34	白水洋平底基岩河床、鸳鸯溪峡谷、瀑布、柱状节理、河流侵蚀遗迹、宜洋大型破火山构造等	白水洋地质公园集火山地质、火山构造、典型火山岩类、火山岩地貌、水体景观等地质遗迹于一体，记载了距今一亿多年来白水洋地区漫长的火山地质演化历史，是研究中生代火山岩区内外动力地质作用，流水侵蚀火山岩地貌及河床侵蚀地貌不可多得的理想场所[146]
佳县红土地质遗迹区	陕西省榆林市		红土造景（造形）地貌，主要包括红土悬沟（形似中华珠角石）、红土柱、红土墙、红土骆驼、红土笋、红土城堡等	佳县西部的佳芦河流域出露有早更新世、中更新世黄土和距今 260 万年的新近纪上新世早期的三趾马红土。在方塌镇与王家砭镇广泛出露地表，特别清晰，表现为紫红色、砖红色砂质泥岩，含钙质结核层及钙质散粒，本地层厚 30－110 米不等，和上覆黄褐色、淡红色黄土（粉沙质亚粘土、亚沙土）有明显分界。同时，这里的黄土地层和洛川代表的陕北南部黄土地层在颜色、成分、粒径、厚度上均有不同

续表

名称	所在地	面积（平方公里）	景观特色	地学成因及意义
二连浩特恐龙国家地质公园	内蒙古自治区正北部的二连浩特市		恐龙原地埋藏馆、恐龙博物馆、恐龙景观大道、恐龙市门、恐龙广场、恐龙公园	上白垩统二连组为富含恐龙化石的层位，其典型地层岩性为三部分，总厚度大于114米，所含恐龙化石主要有鸭嘴龙类、甲龙类、古似鸟龙类等，截至目前，二连组是内蒙古地区发现恐龙化石种类最多、数量最大的地层之一
神河源岩溶地质遗迹区	陕西省东南部岚皋县		岩溶丘陵、岩溶洼地、竖井、石芽、溶沟等岩溶景观	寒武系灰岩经受长期溶蚀侵蚀形成的以溶洼、溶丘为主的地貌特征。后来随着山体抬升，水系网充分发展，沟谷不断破坏原来地面，残留了神河源和神田夷平面，并在沟谷岩壁形成了石景山溶洞群。岚皋大巴山分水岭岩溶发育程度，在水平方向上变化很大，主要取决于岩性和构造。同时，受山地寒冷气候影响，神田和神河源有着明显不同的生态景观。岩溶作用使这里的石灰岩被雕琢成诸如直径15米、深120米的神田云崖洞竖井、溶蚀盆地（湫池），塑造出点缀着天坑、溶蚀湖、舒缓丘陵状的神河源草甸
延川黄河蛇曲国家地质公园	陕西省延安市延川县	86.0	河流地质遗迹景观和黄土地貌景观（黄土丘陵沟壑、黄土残塬梁峁丘陵沟壑）	公园岩浆活动未见，构造运动平缓，以面状缓慢抬升为特征。中生代地层总体倾向北西，倾角极缓（小于10度），可视为水平岩层，亦缺少明显的大断层。三叠系基岩中NE向（45°-75°），NW向（325°-350°）的X型共轭节理发育程度较好，将基岩切割成近似棋盘格式的构造格局，岩石支解强烈。在地壳稳定时期，黄河及其支流蛇曲沿着两组节理发育而成，奠定了延川黄河蛇曲的基本格局。新构造运动使黄土高原处于不断的、急速的区域性抬升活动中，河流下蚀作用急剧增强，沿原蛇曲的基本格局形成峡谷

资料来源：根据实地考察资料整理。

7.2.2 地质公园的知识旅游特色

通过多次实地考察，笔者认识到在知识旅游发展中，地质公园是一个新生事物，它以某种地质作用形成的典型稀有的地质遗迹资源作为物质基础，以其特殊的景观观赏性成为大众获得科学知识和赏山悦水的对象，并成为引领知识旅游的先锋。

根据联合国教科文组织支持的世界地质公园网络办公室和我国自然资源部信息中心给出的定义：地质公园旅游指的是强调旅游地点的地质公园特征的旅游。地质公园特征包括地质遗迹、自然美景、旅游经济、地学科普等，同时融合当地的人文、历史及其他各种文化因素。可见，地质公园旅游也是以知识内涵丰富的旅游产品满足旅游者愉悦的求知需求，强调旅游的教育职能。可以说地质公园所开展的地学旅游是知识旅游的有机构成。

对普通游客来说，游地质公园旅游应注意以下几个方面：第一，在游览中利用旅游地（或地质公园）中具有特殊科学价值的地质遗迹，获取地球形成演化的科普知识，同时增强旅游者自觉保护地质遗迹的意识和能力；第二，利用构成地质公园的奇峰、异洞、高山、深峡、飞瀑、流泉、冰川、火山、沙漠、湖泊等山水景物，以及变化万千、色彩斑斓的造型山石，享受自然造物之美；第三，在游览中充分感受当地独特的人文、历史景观及地域文化。总之，在地质公园旅游中能够真正感受到科学、美学、历史、文化的交融，从而在游览中获得多重享受[145]。

目前，就寓教于乐和对游客传输地学科普知识而言，地质公园走在了前列。这是地质公园不同于一般景区之所在，可以说地质公园不仅是大众娱乐休闲的公园，更是游客获得知识的课堂。我国目前还没有其他类型景区能够像地质公园一样为旅游者提供如此丰富多样的地学旅游产品。许多著名的自然风景区，其核心景观都是某种地质遗迹，如黄山的花岗岩地貌、韶关的丹霞地貌、路南石林的岩溶地貌、五大连池的火山地貌等，但是，景区管理者往往并不注意发掘它的地质内涵，对这些景点的认识仅停留在风景欣赏的水平上，普通旅游者对景观的地学意义更是一头雾水。地质公园知识旅游活动的开展，使得人们重新审视各种自然旅游景观的成因及蕴含的科学价值，根据实地考察的地质公园和地质遗迹景观区的现实情况，笔者认为地质公园的知识旅游特色具体表现在以下三个方面：

1. 使得原本美学意义上的景观具有了更丰富、更具有科学性的内涵，而原本没有被正确认识其科学价值的地质遗迹得以重新定位，如陕西翠华山的山崩地质遗迹，在建立地质公园以前人们的认识只是有天池、冰洞和风洞的一个避暑观光之地，但是从地质学角度看，它是难得的灾害地质遗迹——山崩，清晰的山崩断崖、崩塌石海、洞穴和堰塞湖形成完整的山崩地质序列，利用地质学知识对其进行重新定位，使旅游景观的知识含量大大增加，逐渐形成山崩旅游这一知识旅游产品。在这个过程中，知识的转化显著提升了翠华山地质公园的品位。可以说地质公园是所有旅游景区类型的阳春白雪即它蕴含的科学性强，对知识的追求更为强烈。

2. 遵循发掘地质遗迹为地学研究和旅游服务的目的，我们又陆续发现了大批新的地质遗迹，实现了认知的转化。如河南云台山的峡谷地貌、二连浩特的恐龙遗迹、陕西佳县的红土地貌、岚皋神河源岩溶地质遗迹区等。其中云台山世界地质公园正是依靠太行山独特的深切峡谷地貌遗迹成为国内地学旅游的热点，其地貌特征已被科学界命名为："云台地貌"。陕西的华山经过重新对花岗岩地貌特征的研究，亦成为"华山型花岗岩地貌"的命名地。

3. 一批原来仅为科学家了解和青睐的地质遗迹逐渐进入一般游客的视野，成为新的旅游目的地，如云南的澄江动物群、昆仑山地震灾害遗迹、阿拉善沙漠遗迹、洛川黄土地层剖面等。洛川黄土国家地质公园的黄土地层剖面是地质历史时期内力和外力地质作用的综合产物，是地球240万年以来地壳结构、构造运动和地貌形态演变的真实写照。黑木沟景区黄土剖面出露清楚，地层连续完整，层位稳定，古土壤层清晰，可比性强，具有很高的学术研究价值。公园以黄土剖面和黄土地质地貌景观为特色，并保存有脊椎动物化石、典型黄土地质景观遗迹等，真实记录第四纪以来古气候、古环境、古生物等重要地质事件和信息，是研究我国乃至欧亚大陆第四纪地质事件的典型地质体。此外，沟内的黄土微地貌发育，如黄土滑坡、崩塌、黄土悬沟、黄土落水洞、黄土桥、黄土柱、黄土墙等，这些景观构造奇特，天然成趣，观赏性强。

黄土地貌及其景观具有很强的科学性，是地质历史时期内外力地质作用的产物，是研究黄土和黄土地貌形成的天然实验室，国内外众多地学工作者在这里取得了丰硕的科研成果。黄土空间粒径变化的研究有助于解释黄土成因，保存完整的洛川黄土地层剖面，则记录着黄土高原古气候环境的变迁，中国科学院院士刘东生为公园题词写道："洛川黄土是认识全球气候环境变化的三大支柱之一的标准地点，对它进行保护对世界的科学研究具有重大的意义。"

这样的地质遗迹以往深藏闺中无人知，但是通过地学知识转化为知识旅游产品，建立地质公园将使其有可能成为高品位的地学旅游目的地。正如葛新权所言：物质产品被知识化后形成知识产品，它要么是利用新知识被创造出来的新产品，满足社会需要，要么是与物质产品相比，它的知识含量大大提高了。[147]

7.3 知识旅游对诠释地质遗迹景观的要求

在实地考察地质遗迹景观区域的过程中，笔者深感地质遗迹景观是一部无言的地球演化变迁的史书，内容博大精深，涉及地质学、自然地理学、历史地理学、生态学乃至人类学、社会学等众多学科知识，蕴含着丰富的环境信息，是开展知识旅游活动的理想场所。

知识旅游强调寓学于游、寓教于乐，注重旅游者在游览、求知的过程中获得愉悦感。卡普兰夫妇（Kaplan and Kaplan）总结了四个决定环境产生愉悦感的因素：一致性（Coherence，一个场景的秩序或组织性）、易辨性（Legibility，一个场景中的信息应易于接收处理或分类）、复杂性（Complexity，一个场景中的元素具有多样性）和神秘性（Mystery，一个场景所具有的产生新的信息的可能性）[148]。一致性、复杂性和神秘性是地质遗迹景观要素组合而成的环境所具有的客观信息，而易辨性则与景观感知者的特征相关，取决于感知主体也就是旅游者的学识修养。地质遗迹景观所富含的信息，需要经过科学的诠释才能让不同知识层次的旅游者能够比较轻松地辨识和学习，从而满足易辨性，进一步增强旅游者的愉悦感。

科学诠释是以对资源的充分认识为前提和基础的，以下从三个层面对地质遗迹景观进行审视和分析。

人类离不开地球，而地球的变化则是由地质、地貌、气象、水文等各种地学因素制约着，正是它们构成了精彩纷呈的自然界，成为人们观赏的对象。因此，很多旅游资源都深深地烙下地学知识的背景，自然旅游资源本身就是地质遗迹景观[149]。人文旅游资源也与地域相关，有着深刻的地学背景。可以说，在知识旅游过程中，旅游者接触着、学习着地学知识。

地质遗迹景观形成、演变、产状和形态构成了旅游资源所具有的特征[150]。就旅游观赏而言，深层次认知地质遗迹景观有助于在科学层面上加深对地质遗迹美的理解。但是，正如前面所说，很多旅游者对景观的认知仅停留在表面形态之上，而难以达到三重认知的完美结合。当前，众多地质公园的建立，为旅游者进行知识旅游提供了欣赏地质遗迹景观的平台，因此，要提高地质公园的科普功能，进行名副其实的知识旅游，有必要分析地质遗迹景观的三重内涵，如图7-4所示。

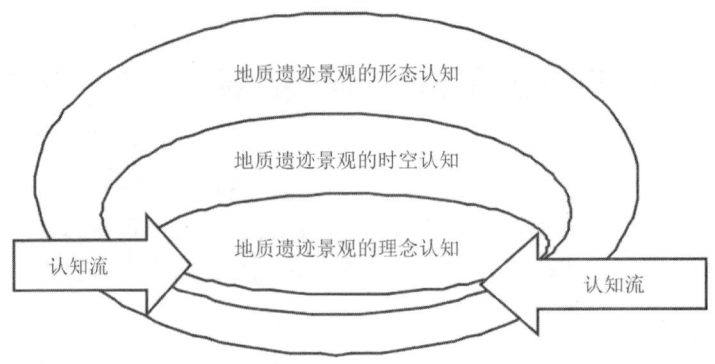

图 7-4　地质遗迹景观的三重认知

7.3.1　地质遗迹景观的形态认知

在形态层面研究地质遗迹的各种类型，考查地质遗迹景观的构成要素和要素的组合状况，是对地质遗迹景观认知的初级阶段。

1. 景观要素之美

地质遗迹具有各种类型的形态美，如岩溶造型的奇异美，冰川的神秘美，风沙的粗犷美，构造的气势、时空、精致之美，标准地层剖面体现的层序美、和谐美等，内涵是科学之美，也就是说只有当了解其形成背景时，才会真正理解美的价值何其珍贵。

矿物的晶形、色泽具有很强的观赏性，可以直接成为审美客体，如晶莹剔透的水晶簇、各种宝石等[151]，不同的地质地貌孕育了千姿百态的旅游景观，成为自然景观的主体框架。例如云南滇池，断层作用形成的湖盆及断层山，构成景区的主体景观。

2. 多种景观要素的组合之美

地质遗迹景观往往是由各种要素单体组合而成。例如，奇特的玄武岩柱状节理群是由无数个单体的节理柱组成的，使奇异因壮观而更具观赏价值；丹霞地貌的美是由红色岩石、节理、陡崖、缓坡甚至气象要素组合形成的；壶口瀑布则是由水平岩层、陡壁、流水、谷中谷、壶穴等要素组合形成；武陵源 3100 多座石英砂岩峰柱林，形成造型景观群体。因此，地质遗迹的多种景观要素组合，成为地质遗迹美的重要特征之一，所谓"一花独放不是春，万紫千红春满园"。

不同要素单体的多样与统一、对比与调和、比例与尺度等方面的组合，都有其形成的根源，蕴含着丰富的信息。从古至今，许多优美的人文景观无不与地质遗迹景观巧妙配合，巍巍山地、幽幽密林、潺潺流水成为寺庙古刹的衬景，平添了几分神秘；苍翠的群山、广阔的海洋和湖泊，又是亭台楼阁等亲水景观的借景；起伏的丘岗，则是园林布局与建设的首选。"依山傍海""远山近水""近水楼台"等景观都是以特定地质地貌为背景的。

当然，从知识旅游产品形成的角度来看，地质遗迹景观需要有科学的解释说明作为支撑，以便将深奥的地学原理，解构为易于不同层次游客能够接收的信息。通过满足游客对易辨性的要求而使之获得全方位的愉悦感。

7.3.2 地质遗迹景观的时空认知

在时空层面研究地质遗迹景观在空间产出的状态、环境与时间进程。让旅游者有地质遗迹宏观认知和欣赏地质遗迹赋存条件与环境协调之美，是对地质遗迹景观认知的中级阶段。

1. 地质遗迹景观的内部和外部空间

地质遗迹景观存在于一定的空间区域，因而形成了区域内部和外部两个空间范围。内部空间是指产出状态，分为一般要素和性质要素两种，一般要素属于通识性质即规模、形状、面积等；性质要素则决定地质遗迹类型，没有通识性，要素内容随地质遗迹类型不同而有变化，如断层构造的断层面走向、倾向、倾角等，褶皱构造的两翼产状、轴面走向。地层化石类地质遗迹的层位关系等，内部空间的辨识对于研究地质遗迹与高序次构造的关系有重要意义；外部空间系指地质遗迹形成的构造环境、地理环境和周边环境，是地质遗迹形成和赋存的背景条件，如陕西金丝峡岩溶峡谷地质遗迹存在于强烈上升、流水侵蚀切割的秦岭中山石灰岩地层中。地质遗迹景观的周边环境应该与景区的资源内涵相适应，协调发展[152]。这些外部环境的辨识对于研究地质遗迹的成因有重要的意义，而一个良好的周边环境对于建立人地和谐观的实体形象有重要的支撑作用。

2. 地质遗迹景观的时间维度

地质遗迹景观是在漫长的地质历史年代中形成的。因此地质遗迹存在于时间的进程中，远古地层中所存留下来的生物化石和接触关系，生动地展现了地球历史的演变。旅游者在欣赏地质遗迹美的时候常常会好奇地询问这是什么时候形成的？这是地质遗迹研究不可回避的问题，对于一般旅游者而言，时间会令人感慨地质作用的缓慢与持续，使其发自内心地珍视这些景观，从而推动地质遗迹的保护。

地质遗迹景观是动态发展变化的，景观的现在是过去的延续，未来又是现在的发展。当旅游者在欣赏地质景观时，通过了解其漫长形成过程的有关知识，会促使他们进行深入的哲学思考，从而感悟到"沧海桑田"的变换，甚至体会到"生命"的意义,正如法国园林大师米歇尔·高哈汝(Michel Corajoud)所说:"我意识到景观是在不断演变的,而我必须融入其中……从严格意义上讲,我不是进入空间,而是进入一种演变过程。"[153]

7.3.3 地质遗迹景观的理念认知

在理念层面研究地质遗迹给予人们的哲理和启示,属于社会学范畴。哲理和启示属于主观意识空间,有两层含义:浅表性认知是指通过欣赏地质遗迹的美学形态,初步了解地质遗迹类型和形态成因,这主要是科学层面的认知;深化性认知则是由具体形象的地质遗迹所展现的科学美引发出富有哲理性的联想和理念,是地质遗迹景观认知的高级阶段。

虽然当前很少人对地质遗迹的观赏能达到如此阶段,但从知识旅游角度着眼,这也是我们努力的方向,如此方能使旅游成为一种追求高雅的求知、感悟的过程。

清代魏源《游山吟》中说道:"人知游山乐,不知游山学""游山浅,见山肤泽;游山深,见山魂魄。"可见,古人已经明白旅游活动对于旅游者精神和心理的激励。今天我们固然能享受登山的乐趣,感受清新的空气,美丽的花朵,苍翠的森林。但是短暂停留,来去匆匆,很少人能深入地了解山,不能明白它的生命,感受它的气息,聆听它的故事。其实,山是有生命的,每座山都有它沧桑巨变的历史渊源,你必须思考,才能明白山的意义。在陕西终南山世界地质公园,翠华山的山崩巨石似坚强的中华脊梁昂然挺立,一种男子汉的刚强之美,象征着坚忍不拔的力量;南五台景区的绿树郁郁,寺庙点点,似婀娜少女的温柔之美。即使小小的褶皱构造,那层层同步平行弯曲的层面,也显示出一种和谐之美。

地质遗迹景观旅游是人们有意识地、主动地亲近大自然的绝佳选择,它带来的是理念的升华和心灵的净化。

7.3.4 三重认知的关联

1. 形态认知向理念认知的转化

各层面认知之间有密切的关联,形态认知只是对浅表现象和形态的感知,客观现实空间信息的直观解读,如果仅仅满足于形态美,则只是认知的初级阶段。时空认知是客观现实空间向主观现实空间的过渡,较之于形态层面在认知上是前进了一步。旅游者通过有选择地解读客观空间的信息,建构地质遗迹景观在其主观意识空间的形象,实现客观现实空间向主观意识空间的转化,达到理念层次的认知。

当然，旅游者自身的知识结构和认识的局限性使其主观意识空间往往不能全面深入地反映客观现实空间的内容。尤其是像地质遗迹景观这样在现实空间中蕴含极为广泛涉及众多学科的知识就更难以得到完整的接受。如果不加以引导和控制，差异空间的存在很可能使旅游者仅能领略地质遗迹景观的极少部分内涵，甚至形成完全错误的认知。

2. 对差异空间的引导

所谓差异空间，是指旅游者的主观认识和客观现实之间的差距。由于人类认识世界的局限性与信息传播的有效性，差异空间是不可能彻底消失的，也是很难把握和定型的。旅游者为追求自身的完善，在地质遗迹景观中希望尽量真实地获得知识，以便正确认识环境。而提供知识旅游产品的经营者则要着力供给和更新必要的信息，有效指导旅游者通过自身的学习和思考，从而接近客观本真。由此可见，对于差异空间的引导是知识旅游产品能否取得成功的关键所在。实际上，一般旅游者短暂的观赏，不可能深入了解景观的含义，仅达到浅表的形态认知，真正能理解景观含义的只是少数，形成了认知的金字塔结构，如图7-5所示。

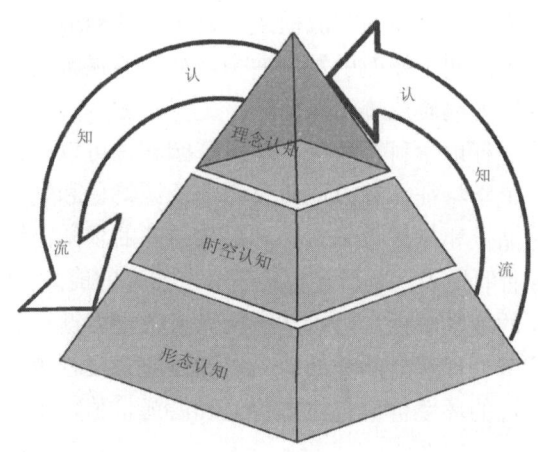

图7-5 地质遗迹景观认知的金字塔结构

因此，地质旅游的管理者和组织者有必要主动引导游客逐渐由形态认知向理念认知转化，这不但在理论上是可行的，而且在实践中也并非难事，关键是解说系统的完善和提升，完全可以通过地质遗迹的解说牌和导游讲解加以引导。因此，解说不能仅仅是趣味和神化，更要增添科学性（时空认知），如通过对灾害地质遗迹的形态认知，进而了解灾害形成的原因，最后上升为人地和谐观的理念。

7.4 解说系统实现地质公园的知识转化

地质公园保护地质遗迹、开展科普活动和加深游客体验的目的都需要依赖其解说系统。景区的解说系统既是旅游组织和旅游者之间知识转化的重要渠道，也是最有特色的知识旅游产品。

7.4.1 解说系统的意义

1. 通过解说系统实现地质遗迹保护。地质公园建立的宗旨是为了保护稀有的、不可再生的地质遗迹资源，所以地质公园的旅游活动要以保护地质遗迹为前提条件。研究表明，合理的解说对游客理解和遵守景区管理规则，进而对自身行为进行调整和约束有明显的帮助。

解说系统是一种重要的遗产保护策略，对不可再生的地质遗迹保护工作有非常重要的意义。规范的地质公园标识，可以提高景区各类景观要素的可识别性，并引导旅游者形成合理有序的客流模式，为旅游者创造一个休闲、愉快的求知游憩环境，减少因沟通不畅而引发的冲突，从而改善游览环境，规范地质公园的游客管理，并实现地质遗迹的保护。

2. 通过解说系统进行地学科普教育。地质公园解说可以充分展示地质遗迹景观的类型、特色、美学特征，突出地质公园的资源特色和魅力，提升旅游产品的知识含量、文化品位和旅游吸引力，满足旅游者的求知需要，丰富旅游者关于自然、环境等方面的知识，提高鉴赏、理解自然界的能力。如图7-6所示，金丝峡国家地质公园的地学解说，可以丰富旅游者关于岩溶地貌方面的知识，有助于提高旅游者鉴赏、理解自然美的能力。通过解说过程中的知识互动，帮助旅游者认识地质遗迹的环境价值、生态价值和游憩价值，主动地保护这些珍贵的自然遗产。

3. 国内外相关研究表明，在旅游地通过解说系统对旅游者进行环境教育，可以显著地提高游客的旅游体验质量。地质公园为旅游者提供的解说服务，作为知识含量很高的旅游产品可以使其在充分享受各种信息、知识的基础上完成愉悦的旅游，也促使游客在掌握更多知识的前提下有更多的体验，使旅游者从浅尝辄止或走马观花型向专注研究型转化，而其获得的旅游体验也在深度上显著提升。

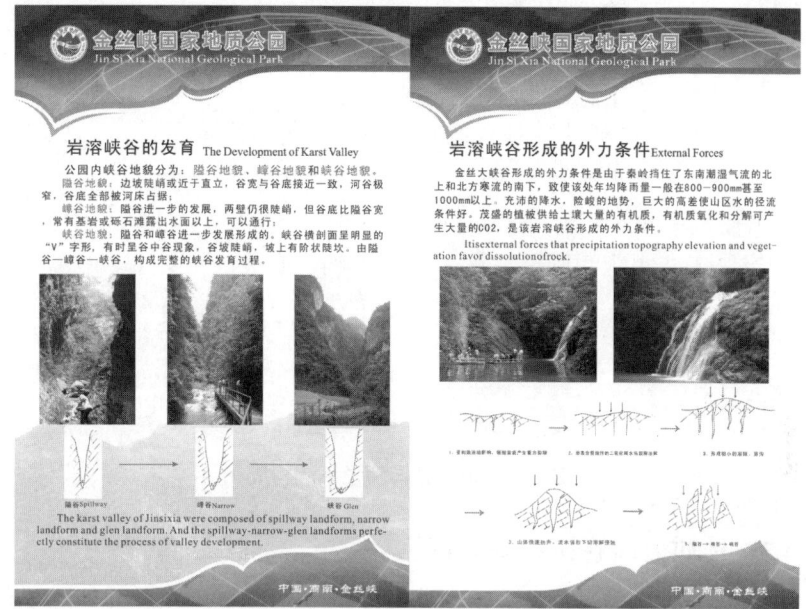

图 7-6　地质公园科普解说

4. 解说系统是地学研究成果的发布平台。地质公园的重要功能之一就是促进地学研究的发展。作为地质遗迹的典型分布区其本身具有突出的科学研究价值，也是为各级教育研究机构提供教学实习和科考研究的基地。地质公园促进旅游地学研究的发展上文已经论证，而这些最新的研究成果也是对地质公园解说的最新补充。作为明示知识，地学研究成果的不断增添是诱发新一轮知识转化，促进知识螺旋上升的新鲜血液。

7.4.2　地质公园解说系统的构成

地质公园的解说系统按照解说媒介主要分为人员解说和非人员解说，如图 7-7 所示。非人员解说就是借助各种设施设备来传递信息。解说并不是简单的信息介绍，而是对信息的加工处理并传递给旅游者，目的不是教育而是启发，因此解说是一种结合多种人文科学的艺术。解说的内容和方式应该视游客特点而定，要有针对性，有的放矢才能收到好的成效。因此从受众角度分析其对解说的需求偏好，对于完善地质公园的解说服务，提升地质公园知识旅游产品的内涵，就有着重要的研究意义和现实意义。

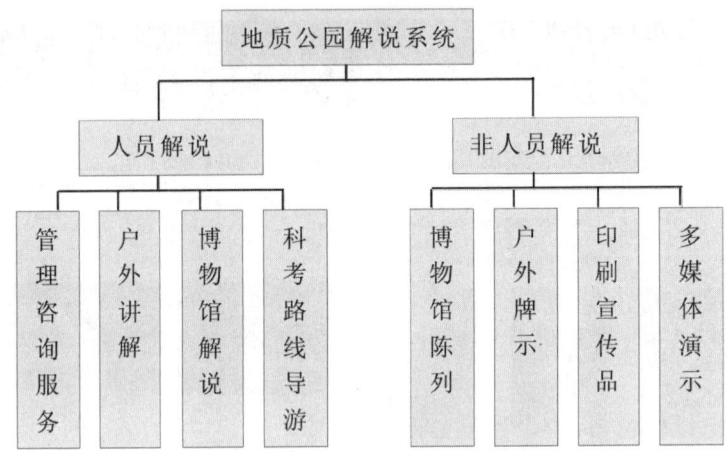

图 7-7　地质公园解说系统构成

7.4.3　地质公园解说系统的特色

1. 地质公园中设立博物馆

根据世界地质公园申报要求以及我国自然资源部对地质公园规划编制的指导，在国家级地质公园中均设立有博物馆。博物馆位于地质公园入口处附近，是游客进入地质公园的第一站，免费向旅游者开放。地质公园中的博物馆是一个集科普性、趣味性和参与性于一体的地学科教基地，也是各地质公园能否揭碑开园的前提条件之一。作为地学科研、学术交流和地学专业知识普及的场所，体现了地质公园旅游的教育职能。地质博物馆的展示内容由两部分构成，一是地质基本知识展板，二是公园地质遗迹展板。通过图片展示、文字说明、模型展览、影视播放、标本观赏以及工作人员现场说明等系统解说手段，向游客展示公园独特的地质地貌景观和形成、发展、演变的过程及其所蕴含的地学原理与意义，可以帮助旅游者对地质公园的地学特征和地质遗迹资源有一个整体的认识，根据公园地质遗迹景观的空间分布，合理地安排参观游览路线，欣赏地质遗迹景观。

2. 地质公园的功能分区

地质公园强调对地质遗迹景观的保护，因此在景区规划中要求必须进行功能分区。对于地质遗迹的核心保护区，要制定专门的保护计划，包括限制旅游者进出等。例如，在陕西延川黄河蛇曲国家地质公园中就划分为门区、游客服务区、科普科考区、环境保育区和地质遗迹保护区五大功能区。

其中，科普科考区布设了科考路线（点）；环境保育区位于公园西部，属于宏观的黄土地貌分布区域，它构成公园的视域背景；地质遗迹保护区则涵盖整个公园，根据自然属性和重要程度分为一级保护区、二级保护区和三级保护区三类，分级保护相应的地质遗迹资源[154]。

3. 地质公园的科学考察路线

地质公园作为知识旅游产品，较高的知识含量体现在对科学考察路线的设计。景区不同的线路对应内涵各异的旅游产品，科学考察路线一般指沿途有科学研究价值的景观分布，是知识旅游者能够在有效的引导下自主探寻知识，享受求知愉悦的线路。

仍以黄河蛇曲国家地质公园为例，在公园范围内除了沿黄河的白色虚线标明观光游览路线外，红色文本框自北向南标识出七条科考线路：

从北到南的顺序依次为：①伏寺湾沿黄峡谷、地层科考线；②清涧河谷中谷科考线；③温家塬——则村宏观黄土地貌科考线；④清涧河河口——鞋岛河流心滩科考线；⑤乾坤湾蛇曲及黄土文化科考线；⑥清水湾蛇曲科考线（水路）；⑦会峰寨—牛尾寨黄土地貌及蛇曲科考线。根据陕西省科学技术信息研究所查新中心提供的数据确认延川黄河蛇曲是我国目前最密集、规模最大、发育最完好的干流峡谷型蛇曲。这七条科考路线既是深化河流蛇曲成因理论研究的最佳野外实验室，也是普及黄土及黄土地貌、土壤侵蚀、蛇曲形成等地学知识的天然课堂。

4. 地质公园的地学导游

地质公园的科普讲解，对导游提出了更高的要求，如要求导游要具备地学知识，要对公园的地质背景、地质环境和遗迹分布、特点、成因有清楚的了解，以便对游客进行有针对性的讲解。自然资源部为此提出了要求每个地质公园配备 3-5 名地学导游的目标。

地学导游解说是地质公园解说系统的核心部分。在地质公园，游客在对地质遗迹景观获得感性认识的基础上，希望上升到理性阶段的认识，往往会对有关地质遗迹景观的特点、成因、演变、保护等内容提出相关的问题，要求导游给他们介绍相关的知识。此时，导游应能满足游客的要求，让他们在愉快的游览体验中了解有关地球历史和地质作用的知识，从而实现地质公园科普的目的。因此，导游专业知识的提高是至关重要的，这也是地质公园导游与其他景区导游的重要区别之一。

目前，我国地质公园缺乏这样的导游人才，为此应该对现有导游进行专业的培训，要配备掌握地学专业知识的导游。另外，也可以通过吸收有地学知识的专家学者、地学专业学生担当地学解说志愿者，作为外部智力资源的补充。

第八章 地质公园的解说需求分析

8.1 地质公园解说需求研究综述

美国国家公园管理部门的保护理念是将解说和教育作为保护计划的关键部分，保护计划的哲学观念是：通过解说理解，通过理解欣赏，通过欣赏保护[155]。由此可见，通过解说进行环境教育是非常有效的长期的保护工具。

国家地质公园的建立旨在保护地质遗迹，普及地学知识，开展旅游活动以促进地方经济发展。解说作为管理工具可以说是遗产地旅游开发成败的关键，对地质公园的建设有着极为重要的意义。

8.1.1 地质公园解说方面研究的欠缺

解说作为一种重要的遗产保护策略[156]，已成为遗产旅游研究的焦点问题[157]，引起了众多学者和景区管理者的关注。解说能够有效地管理游客，能够降低对环境的负面影响[158]，恰当的解说能够增加游客对旅游目的地的了解、对资源保护的合作态度[159]；能够倡导游客采取更合适的行为，从而达到旅游的可持续发展[160]。

游客是解说服务的接受者，游客视角成为解说研究的热点领域，有学者从人员解说、解说牌示等五个方面对黄山园内旅游解说的有效性作出评价，并建议通过加强受众分析等措施来提高黄山园内解说质量[161]。从游客对解说媒体的需求角度进行的实证研究，发现游客对解说媒体的需求很高，不同社会特征和出游动机的游客对解说服务的需求有显著差异[162]。游客涉入和场所依附都与解说满意度正相关[163]。个体特征如性别、年龄、教育程度不同的游客对解说媒体和解说主题的偏好有显著差异[164]。

国家地质公园建立的目的是通过园内各类地质遗迹的保护和呈现，传达地质遗迹的科学内涵[165]。解说能够引导游客了解地学知识，认识地质遗迹景观的珍稀性和科学性，从而实现地质遗迹资源的保护和地质公园的环境教育功能。

由于我国国家地质公园的建设时间较短，加之国内目前旅游解说研究正处于起步阶段[166]，因而对与地质公园的解说研究就少有学者涉足，为数不多的几篇论文也主要集中于解说系统的构建和规划等应用方面[167-172]，关于游客对地质公园解说需求的研究可以说尚属空白。根据游客对解说的需求差异进行市场细分便于有针对性地进行宣传，以期有效提高游客对解说的满意度，从而强化目的地的形象，并实现地质公园的建设宗旨。可见，了解不同类型游客的解说需求对于地质公园的管理也有着重要的实际意义。

8.1.2 研究假设

对地质公园解说需求的分析是为了了解游客的知识需求差异，便于指导实践操作，重点考察外显的游客特征，也就是个人传记特征对解说需求的影响。由于这方面尚未有可以参考的文献，因此首先提出探索性的宽泛假设。

假设一：个人传记特征对解说需求有影响。

在关于知识旅游的论述中分析了知识旅游者对知识的主动探寻，鉴于地质公园正是以开展知识旅游活动为特色，因此能够令知识旅游者满意，据此提出假设二。

假设二：知识旅游者对地质公园的解说满意度更高。

8.2　研究方案

8.2.1 案例地概况

翠华山国家地质公园为 2001 年国土资源部首批的 11 个国家地质公园之一，以山崩地貌为特色，位于陕西省西安市秦岭北坡，主峰终南山海拔 2604 米，发育有全新世以来形成的规模属于世界第三位的山崩遗迹，山崩总体量达 3 亿立方米，其山崩地貌类型全面，结构典型，保存完整，规模巨大，为国内外罕见，素有"中国山崩奇观""山崩博物馆"之美誉。2002 年被文化和旅游部评为国家 AAAA 级景区。2006 年西安市人民政府以翠华山国家地质公园为基础，整合秦岭北麓旅游资源，申报"秦岭终南山世界地质公园"，并于 2009 年 8 月顺利通过联合国教科文组织的评审，成为世界地质公园网络的成员。

8.2.2 问卷设计

调查问卷由两部分组成,第一部分为游客社会人口结构特征,第二部分为游客对地质公园解说的需求。

由于解说需求尚无成熟量表,因此本研究在参考相关文献基础上选择解说媒介和解说主题两个主要问题进行设计。相关量表经整理分类、游客访谈、专家座谈、开放式问卷调查等程序编制本研究所使用问卷。具体如下:(1)收集相关研究中所涉及的有关解说媒体和解说主题的测量项目,特别是洪艳和淘伟[162-164]等学者的文章中考量的题项。(2)游客访谈与专家座谈,研究人员通过面对面的游客访谈并请教有关专家对地质公园解说方面的看法,对测量项目进行筛选。(3)采用开放式问卷对 25 位游客进行试调查,请游客列举其关注的解说媒介和解说主题方面的内容。(4)对以上资料进行整理、分析,选定 20 个题项构成问卷第二部分,采用李克特量表(非常不认同为 1,非常认同为 5)。

8.2.3 取样程序和样本描述

问卷调查的样本由翠华山国家地质公园的游客组成。研究人员于 2010 年 5 月 15 日至 22 日在翠华山天池主景区,共发放问卷 320 份,回收有效问卷 314 份,有效率为 98%。问卷回收后以 EXCEL 录入,而后用 SPSS13.0 进行数据分析。

样本中女性游客占的比例较高为 51.6%;所调查的游客中年龄在 19—29 岁的占到样本的 52.9%;游客受教育程度中本科所占比重最高,其次是大专;大专以上的游客占到 77.7%,说明来翠华山地质公园的主要市场是受教育程度较高的游客群体。从游客的职业构成可以看出各行业都较均匀分布,只有学生占的比例突出为 29%,学生为无收入群体,从而导致游客月收入中 2000 元以下的占到 52.9%;客源地的统计显示西安市的游客占到 57.3%,外省市游客分布零散所占比例很小,表明翠华山地质公园的主要客源市场在陕西省内,尤其集中在西安市,对省外客源市场的辐射力度小,仍然处于陕西省众多其他景区长期形成的名牌效应的影子中[173]。受访游客的数据显示,游览次数在两次以上的游客为 53.2%。具体情况如表 8-1 所示。

表 8-1　调查样本描述（n=314）

项目	项目构成	人数	百分比（%）	项目	项目构成	人数	百分比（%）
性别	男	152	48.4	职业	公务员	20	6.4
	女	162	51.6		文教专业技术	35	11.1
年龄	18 岁以下	12	3.8		工人	27	8.6
	19—29 岁	166	52.9		军人	8	2.5
	30—39 岁	55	17.5		农民	15	4.8
	40—49 岁	50	15.9		商贸服务	29	9.2
	50—59 岁	25	8.0		学生	94	29.
	60 岁以上	6	1.9		离退休	10	3.2
教育程度	高中及以下	70	22.3		其他	76	24.2
	大专	104	33.1	月收入	2000 元以下	166	52.9
	本科	127	40.4		2001—5000 元	118	37.6
	硕士及以上	13	4.2		5001—10000 元	28	8.9
客源地	西安市内	180	57.3		10001 元以上	2	0.6
	西安市外陕西省	99	31.5	游览次数	第一次	147	46.8
	外省市	35	11.2		两次及以上	167	53.2

8.3　数据结果与分析

在进行数据分析之前首先对问卷的信度进行了检验，结果显示本调查量表的克朗巴哈（Cronbach's α）一致性系数为 0.867，可以认为问卷量表的内在信度是可接受的[174]。

8.3.1　游客对解说媒介的需求分析

通过集中趋势分析法，考察了游客对地质公园的各项解说媒介服务的认同程度，具体情况如表 8-2 所示。

从均值分析可见游客对多数要素的满意度都高于 3，表明这些项目基本能够满足游客需求。但是，"解说折页（印刷宣传品）获取方便"和"多媒体演示（录像、电脑触摸屏等）信息丰富有趣"两项的均值分别为 2.96 和 2.84，低于

3,标准差显示数据分布较为离散,表明这是地质公园所提供的解说媒介的弱项。对于"如果有专人解说会让我的地质公园之行更愉悦"一项,数据显示游客有较高的认同,均值达 3.89,中位数和众数都为 4,并且标准差为 0.856,表明数据较强的集中趋势。这说明翠华山地质公园所提供的人员解说服务与游客的需求之间存在明显缺口。

表 8-2 解说媒介需求分析(n=314)

项目	均值	中位数	众数	标准差
如果有专人解说会让我的地质公园之行更愉悦	3.89	4.00	4	0.856
咨询服务便利周到	3.21	3.00	3	0.905
地质博物馆中的展品布设能吸引人的注意	3.19	3.00	3	0.894
解说折页(印刷宣传品)获取方便	2.96	3.00	3	1.017
多媒体演示(录像、电脑触摸屏等)信息丰富有趣	2.84	3.00	3	1.007
路线指示牌标识清晰适当	3.37	3.00	3	0.938
参观路线设计合理	3.46	4.00	4	0.857
园内的解说牌位置布设合理	3.29	3.00	4	0.961

8.3.2 游客对解说主题的需求分析

用集中趋势法分析游客对地质公园解说主题的需求可以看出(见表8-3):游客对于地质景观成因、动植物知识和历史典故三大主题有较高的需求(均值较高,且中位数、众数都是4),尤其是地质景观成因和动植物知识两项,数据分布集中。这表明地质公园的游客对于解说的知识性有更多的兴趣和需求。

表 8-3 解说主题需求分析(n=314)

项目	均值	中位数	众数	标准差
地质景观成因	3.67	4.00	4	0.878
动植物知识	3.78	4.00	4	0.833
历史典故	3.60	4.00	4	0.955
民俗逸事	3.50	3.00	3	0.902

8.3.3 游客特征的解说主题需求差异

本研究采用回归分析法，着重探讨不同游客群体对解说主题需求的差异，将性别、年龄、受教育程度、职业四项分类变量作为人口因素和社会文化因素来描述游客对地质公园的解说主题需求差异。

本研究首次考察了游览次数在 2 次以上的游客对解说主题的需求与初游游客的差异，为地质遗迹景观的管理者提供参考，便于有针对性地进行公园解说服务的规划与开发。

对分类变量进行回归分析时，必须先将其转换为虚拟变量[175]（dummy variable）得到的回归结果才有明确的意义解释。各虚拟变量的参照类（reference category）分别是：性别，女；年龄组，60 岁及以上；受教育程度，高中及以下；职业，其他；游览次数，第一次。通过各虚拟变量的 β 值可以知道相应类型游客群体在不同主题的解说需求方面均值相比于参照类的高低（见表 8-4）。

表 8-4 解说主题需求回归分析（n=314）

变量	地质景观成因 β	动植物知识 β	历史典故 β	民俗逸事 β
步骤 1：人口因素				
男	0.079	0.002	-0.051	0.058
18 岁及以下	0.281**	0.250**	0.096	-0.012
19-29 岁	0.423*	0.338	0.291	0.007
30-39 岁	0.270	0.364*	0.276	-0.005
40-49 岁	0.207	0.191	0.195	0.013
50-59 岁	0.262*	0.284*	0.225	0.032
R^2	0.047	0.048	0.018	0.005
F	2.514*	2.599*	0.924	0.251

续表

变量	地质景观成因 β	动植物知识 β	历史典故 β	民俗逸事 β
步骤2：社会文化因素				
大专	0.119	0.126	−0.047	−0.019
本科	0.129*	0.201*	−0.142	−0.104
硕士及以上	0.022	0.019	−0.165	−0.121
公务员	0.133*	0.125*	0.223**	0.083
文教专业技术	0.025	0.058	0.201**	0.209**
工人	−0.077	0.035	0.062	0.064
军人	0.027	−0.014	0.063	−0.028
农民	0.008	0.019	0.064	0.149*
商贸服务	0.007	−0.059	0.021	0.015
学生	0.150*	0.009	0.204*	0.195*
离退休	0.198**	0.100	0.075	0.057
R^2	0.118	0.098	0.083	0.062
$\triangle R^2$	0.071	0.050	0.065	0.057
F	2.338**	2.567**	1.579*	1.154
步骤3：游览次数				
重游	0.074*	0.083*	0.111*	0.027
R^2	0.123	0.104	0.094	0.063
$\triangle R^2$	0.005	0.006	0.011	0.001
F	2.300**	1.907*	1.692*	1.098

数据来源：根据调查资料整理（注：* $p<0.05$，** $p<0.01$）。

1. 人口因素对解说主题需求的影响

由回归分析结果可以看出，人口因素对因变量"地质景观成因"的解释能力为4.7%（$p<0.05$）；对因变量"动植物知识"的解释能力为4.8%（$p<0.05$）。分析结果表明，女性对"历史典故"的需求均值略高于男性，对其他三个方面的主题兴趣都比男性略低，但并未达到统计显著，可以认为不同性别的游客在解说主题的需求方面没有显著差异；年龄因素对"地质景观成因"和"动植物知识"两个主题的需求上有显著影响。

其中，对"地质景观成因"需求显著的有：年龄在18岁以下的游客（β＝0.281，p<0.01）；50-59岁的游客（β＝0.262，p<0.05）；对此项主题需求最高的是19-29岁的游客（β＝0.423，p<0.05）。

对"动植物知识"兴趣较高的游客年龄段有：18岁以下（β＝0.250，p<0.01），30-39岁（β＝0.364，p<0.05），50-59岁（β＝0.284，p<0.05）。

2. 社会文化因素对解说主题需求的影响

社会文化因素的引入对因变量"地质景观成因""动植物知识"和"历史典故"的解释能力都有显著增加。游客的受教育程度对"地质景观成因""动植物知识"两项解说主题的需求有影响，数据表明学历为本科的游客对这两项主题的需求显著较高（β值分别0.129和0.201，p<0.05）。

职业类型也对游客的解说偏好有影响，其中对"地质景观成因"感兴趣的有：公务员（β＝0.133，p<0.05）；学生（β＝0.150，p<0.05）；离退休人员的需求最高（β＝0.198，p<0.01）。

对"动植物知识"需求显著的是公务员（β＝0.125，p<0.05）。对"历史典故"需求显著较高的有：文教专业技术人员（β＝0.201，p<0.01）；学生（β＝0.204，p<0.01）；公务员对项主题的需求最高（β＝0.223，p<0.01）。

3. 游览次数对解说主题需求的影响

鉴于调查样本显示翠华山的游客中游览次数在两次以上的占到53.2%，据此，本研究专门考察了游览次数在2次以上的游客对解说主题的需求与初游游客的差异。从回归分析的结果可知，重游对因变量"地质景观成因""动植物知识"和"历史典故"的解释能力都有显著增加。重游的游客对"地质景观成因""动植物知识""历史典故"的需求都显著高于初次游览的游客（β值分别0.074、0.083和0.111，p<0.05）。

8.3.4 游客的解说满意度分析

鉴于上述分析显示出职业类型对游客的解说偏好有显著影响，尤其是统计分析结果与本研究第三章关于知识旅游者构成群体的定性描述相吻合，即学生、公务员和文教专业技术人员有着更明确、更主动的知识探寻需求，是比较典型的知识旅游者。因此，在有关解说满意度的分析中将知识旅游者和普通游客分别统计，以考察其对地质公园这样的旅游景区的解说系统的不同感受。

地质公园的解说有着突出的地学科普色彩，所以本研究拟定六个题项，有针对性地考察游客对特色解说系统的主观感受，其中总体满意度是通过对题项得分进行加权平均得到，能够从整体上反映游客对地质公园解说系统的认可程度。

1. 一般游客的解说满意度

一般游客是指按照职业划分除学生、公务员和文教专业技术人员以外的游客。由于在上节关于解说主题的需求差异分析中，共同显示的特征是对四个主题的需求都不突出，因此将他们视为尚未意识到自己的求知需求的一般游客，但他们的旅游活动中仍然有着本能的求知行为，经过适当的激发和引领都可能转化为知识旅游者，目前尚是潜在的知识旅游者。

从数据分析的结果（见表8-5）来看，一般游客对地质公园的解说总体上比较满意，总体满意度均值为3.42，中位数为3.45，众数为3.13。对地质公园能够很好地保护地质风景认同程度较高，均值达3.74，中位数和众数都为4，由此可见解说对于地质遗迹保护的重要性，也能够反映出环境保护、遗产保护的观念已经有了群众基础，为知识旅游的进一步推广准备了条件。一般游客对地质公园的解说牌有一定的兴趣，并且对解说牌的内容有趣而且通俗易懂也比较满意（均值为3.47，中位数为3.00，众数为4）。相对而言，对于地质公园的科普氛围的认可程度不高（均值3.25，中位数和众数都为3）。

表8-5　一般游客的解说满意度分析（n=165）

项目	均值	中位数	众数	标准差
地质公园的科普氛围很浓厚	3.25	3.00	3	0.826
我觉得来地质公园旅游能够轻松地学到很多有趣的知识	3.39	3.00	3	0.929
我总是主动地去阅读解说牌	3.45	3.00	3	0.859
解说牌的内容有趣而且通俗易懂	3.47	3.00	4	0.823
我愿意参观公园内的地质博物馆	3.41	3.00	4	0.924
我认为地质公园能够很好地保护地质风景	3.74	4.00	4	0.855
总体满意度	3.42	3.45	3.13	0.578

2. 知识旅游者的解说满意度

知识旅游者对地质公园解说系统的满意分析如表8-6所示。统计结果显示，知识旅游者的总体满意度均值为3.52，中位数为3.50，众数最小值为3.17，最大值为3.67，并且标准差为0.602，表明了数据较强的集中趋势，也就是知识旅游者群体对地质公园的解说系统评价趋同。通过与一般游客比较，可以看出知识旅游者对地质公园的总体满意度更高。

表 8-6 知识旅游者的解说满意度分析（n=149）

项目	均值	中位数	众数	标准差
地质公园的科普氛围很浓厚	3.26	3.00	3	0.954
我觉得来地质公园旅游能够轻松地学到很多有趣的知识	3.42	3.00	3	0.887
我总是主动地去阅读解说牌	3.57	4.00	4	0.864
解说牌的内容有趣而且通俗易懂	3.55	4.00	4	0.881
我愿意参观公园内的地质博物馆	3.50	4.00	4	0.956
我认为地质公园能够很好地保护地质风景	3.83	4.00	4	0.989
总体满意度	3.52	3.50	3.17[a]	0.602

注：a 存在多个众数，显示最小值。

其中，知识旅游者对地质公园的形式能够促进地质景观的保护表现出高度的理解和认同，均值为 3.83，中位数和众数都为 4。对"我总是主动地去阅读解说牌"一项的分析显示出两方面的含义：一是以实证数据验证了知识旅游者往往具有积极主动的求知意向；二是显示出地质公园中采用解说牌这种明示知识的传播渠道是可取的。

对于分值相对较低的两项则提示了地质公园在后续的建设和发展中应当改进的方向。知识旅游者由于自身知识水平较高，信息获取能力较强，需要更高知识含量的解说内容，所以地质公园在科普氛围的营造和知识旅游产品的创新上要投入更多的智力资源。

无论是从总体满意度来说，还是从各个方面的比较来看，知识旅游者相比于一般游客对地质公园的解说表现出更高的认可和满意。

8.4 结论

研究表明，在地质公园解说媒介的偏好上，游客对人员解说有着较高的需求，而解说折页的获取和多媒体演示为地质公园解说媒介的弱项。在地质公园解说主题的需求方面，游客对地质景观成因和动植物知识两项主题的需求较为突出。

假设一，本研究实证分析显示游客的个体特征对解说主题的需求有明显的影响，从而验证了该假设。具体而言，年龄在 18 岁以下、50—59 岁的游客对"地质景观成因"需求显著，而对此主题需求最高的是 19—29 岁的游客。学生和离退休人员对地质景观成因更感兴趣。公务员偏好动植物知识，文教专业人员对历史典故需求较高，而民俗逸事对农民有吸引力。可见，统一的解说内容显然不能满足游客需求的明显差异。另外，本研究针对重游的游客进行的分析显示，再次游览翠华山的游客对其"地质景观成因""动植物知识"和"历史典故"等方面信息的需求显著高于初游者。

假设二，通过知识旅游者和一般游客对地质公园特色解说满意度的比较研究发现，无论是总体满意度还是各单独的方面，知识旅游者相比于一般游客对地质公园的特色解说都表现出了更高的认可和满意度。因此，假设二也得到了验证。

第九章 地质公园知识转化的策略研究

9.1 促进地质公园内部知识转化的策略

知识旅游强调全面、科学、动态地利用一切资源通过促进知识转化开发高知识含量的知识旅游产品，旅游组织中的知识转化在其中起着关键的推动作用。在知识经济时代，组织员工的受教育程度不断提高，成为知识型员工，需要自由的工作空间，较少的监督和控制表现为自我管理、参与决策、为解决问题进行充分的沟通合作等。地质公园内部的知识转化也取决于组织成员的积极性，因此应当将提升知识员工的心理资本和组织认同作为管理工作的重中之重，以情感管理推动内部知识的转化。

9.1.1 翠华山员工基本情况

为了对景区员工的状况进行详细了解，研究人员于 2010 年 3 月 18 日至 22 日共发放问卷 150 份，回收问卷 126 份，回收率为 84%，剔除无效问卷 17 份，有效问卷共计 109 份，有效率为 73%。

统计结果如表 9-1 所示，翠华山地质公园的员工中男性占比较高，为 64.2%；员工年龄在 25-35 岁的数量最多，占 36.7%，25 岁以下占 30.3%，合计年龄在 35 岁以下的占 67%，表明了地质公园员工年龄结构的年轻化。受教育程度中高中所占比重最高为 43.1%，其次是大专占 27.5%，但高中以下的也占较高比例，受教育程度在高中及以下的占到了 63.3%；工作年限在 5 年以上的占到 48.6%。

表 9-1　样本状况描述（N=109）

统计量		频率	百分比（%）	统计量		频率	百分比（%）
性别	男	70	64.2	工作年限	1 年以下	9	8.3
	女	39	35.8		1—3 年	23	21.1
年龄	25 岁以下	33	30.3		3—5 年	24	22.0
	25—35 岁	40	36.7		5—10 年	30	27.5
	36—45 岁	28	25.7		10 年以上	23	21.1
	46—55 岁	8	7.3	受教育程度	高中以下	22	20.2
职位	中层管理	8	7.3		高中	47	43.1
	职员	101	92.7		大专	30	27.5
					本科	10	9.2

从基本资料来看，翠华山地质公园的员工有年轻、受教育程度不高和留职率较高的构成特点。

9.1.2　员工的知识转化状况

如表 9-2 所示，在知识转化方面的认可程度，翠华山地质公园员工各方面都明显低于在旅游组织员工中所表现出的状况（对比第三章表 3-1），翠华山地质公园中的知识转化状态亟待提高。而各环节中得分最低的是联结化，可见地质公园目前要通过促进知识转化，开展知识旅游，首先要解决的问题是如何推动组织内部形式知识的综合、传达和普及。

表 9-2　地质公园内部知识转化状况（N=109）

	内在化	联结化	共同化	表出化
均值	3.86	**3.59**	3.86	3.64
中值	4.00	4.00	4.00	4.00
众数	4	4	4	4
标准差	0.86	0.92	0.76	0.75
极小值	1	1	1	1
极大值	5	5	5	5

另外，与第三章分析相似之处是将暗默知识转化为形式知识的表出化过程得分较低，说明地质公园管理者应该为鼓励员工之间进行有关工作问题的探讨

提供必要的条件,有助于他们将自己关于客户知识的印象、感觉等用明晰的形式表现出来。

9.1.3 员工心理资本和组织认同状况

1. 心理资本

如表 9-3 所示,从构成旅游组织员工心理资本的四个维度即韧性、自我效能、乐观和希望的状况来看,翠华山地质公园员工的四种心理状态水平都低于以旅游组织员工为样本的测量结果,表明翠华山员工的整体心理资本状况亟待提高。

表 9-3 翠华山地质公园员工心理资本状况描述(N=109)

	希望	韧性	乐观	自我效能	心理资本
均值	3.48	3.45	3.26	3.38	13.57
中值	3.50	3.50	3.17	3.40	13.60
众数	3.67	3.50a	3.00	3.40	12.00
标准差	0.51	0.52	0.43	0.56	1.52
极小值	1.67	2.00	1.50	1.60	9.00
极大值	5.00	5.00	4.33	5.00	18.43

注:a 存在多个众数,显示最小值。

在四个维度上,希望(均值 3.48,SD=0.51)和韧性(均值 3.45,SD=0.52)水平略高,乐观和自我效能状况水平略低,尤其是乐观水平的均值为 3.26,并且分布集中(SD=0.43),显然是需要增强积极的解释风格。

第五章的研究表明乐观对内在化、联结化、共同化、表出化均有显著的积极影响。自我效能对内在化、联结化有显著的积极影响。

翠华山员工在这两个方面的状况较低会直接影响组织内的知识转化,也表明为了促进组织内外的知识转化,翠华山地质公园应该通过积极干预提升员工整体心理资本,特别是乐观和自我效能水平。

2. 组织认同

从翠华山地质公园员工的组织认同状况分析来看(见表 9-4),地质公园员工的组织认同水平低于以旅游组织员工为样本的测量结果(见表 9-5)。翠华山员工表现出的忠诚度均值为 3.16 小于旅游组织员工的均值 3.43,翠华山员工的组织认同均值为 6.96 仍小于旅游组织员工的均值 7.40。

本书第六章的研究表明组织认同对内在化、联结化、共同化、表出化均有显著的积极影响。翠华山地质公园员工组织认同的情况也表明地质公园应该通过提升员工的组织认同，促进组织内外的知识转化。

表 9-4　翠华山地质公园员工组织认同状况描述（N=109）

	成员感	忠诚度	组织认同
均值	3.80	3.16	6.96
中值	4.00	3.18	7.18
众数	4	3.00	6.00
标准差	0.92	0.66	1.36
极小值	1	1.45	2.45
极大值	5	4.73	9.55

表 9-5　旅游组织员工组织认同状况描述（N=465）

	成员感	忠诚度	组织认同
均值	3.98	3.43	7.40
中值	4.00	3.45	7.64
众数	4	4.00	8.00
标准差	0.90	0.71	1.39
极小值	1	1.00	2.00
极大值	5	5.00	10.00

9.1.4　提升地质公园员工心理资本的策略

1. 积极干预全面开发员工心理资本

只有满意的员工，才能有满意的顾客。作为旅游服务行业的从业人员，地质公园员工的积极状态会对游客产生直接的影响。乐观、自信的员工能够愉悦工作，通过服务质量的提升，赢得更高的游客满意度。正如管理心理学家弗里德克森（Fredrickson）所说："应当努力培养组织成员的乐观、自信、兴趣、满足等积极情绪，因为这些情绪不仅能使个人快乐，也能通过影响顾客和组织中的其他成员给整个组织带来变化，从而有助于组织的兴旺和发展[176]。"

心理资本概念提出后，卢桑斯和约瑟夫（Luthans & Youssef）在理论和文献研究的基础上，对心理资本管理开发了一些基本方法，并进行了详细说明和解释。

(1) 开发员工自我效能感的方法

开发员工自我效能感的方法主要包括：熟练掌握与体验成功、替代学习和模仿、社会说服和积极反馈以及生理和心理唤醒等。

成功能树立信心，熟练掌握与体验成功即积累成功经验或实现绩效目标，这是开发员工的自我效能感最可靠、最有效的方法；通过替代学习和模仿，来观察与自己背景和情形相似的人的持续努力后的成功经验，人们也可以增强自己的信心；社会说服，即值得尊敬的和有能力的人的积极暗示、评价或劝说，通过别人对自己的赞同和对进步的积极反馈，就能促使员工把自我怀疑转变为自我效能，等等。

(2) 开发员工希望的原则

开发员工的希望的原则主要包括：确定和澄清具体的和有挑战性的组织和个人目标；用分步法将个人目标分解成可以管理的分目标；至少确定一种备选的实现目标的方法并制定相应的计划；享受实现目标过程中的乐趣，而不是仅仅关注最后结果；准备好并愿意在困难面前坚持到底；准备好并愿意了解当最初实现目标的方法不再可行或不再有效时，应该在什么时候、采取什么样的替代方法；准备好并善于了解实现目标的过程受阻时，什么时候和如何对目标进行调整。

(3) 开发员工乐观的方法

开发员工的乐观的方法主要包括三种：宽容过去，即学会重新组织和接受自己过去的失败、错误和挫折；欣赏现在，即感激和满足于当前生活中积极的一面；为将来的进步和发展寻找机会，即将未来的不确定性视为发展和取得进步的机会，并采取积极、欢迎和自信的态度来应对。

(4) 开发员工坚韧性的方法

开发员工的坚韧性的方法主要包括三个策略：危险中心策略，重点是减少可能增加不期望的结果的危险和紧张刺激；资源中心策略，强调和增加可带来积极结果而没有危险的资源；过程中心策略，聚集适应系统的能量，以满足运用人的资源来管理危机因素的需要。

目前，已有研究人员对心理资本的开发进行了实证研究。比如，在卢桑斯等（Luthans，Avey & Avolio）进行的一个以管理专业学生为对象的微观干预（micro-intervention）研究中，他们随机地将被试分配到实验组和控制组，并对被试的心理资本进行了实验和控制的前测与后测。实验结果证明，微观干预显著提高了实验组被试的心理资本水平，而接受无关干预的控制组被试的心理资本水平没有提高。他们报告的对其他两个样本进行的同样的微观干预研究，也取得了基本一致的结果。他们还通过效用分析（utility analysis）证明，心理资本的增加能给企业带来竞争优势，比如，保守地计算，心理资本增加2%，每年就可能给公司带来1000多万美元的收入[177]。

2.甄选心理资本水平较高的管理者

研究表明，领导的心理资本水平对员工绩效有直接的正向影响。希望水平较高的管理人员，其管理的工作部门的绩效较高，下属的留职率和满意度也较高[178]；管理人员的绩效、满意度也与乐观水平正相关[179]。本研究调查显示，景区中层管理者在乐观和自我效能方面心理能力较强，也具有较高的心理资本水平，有利于景区的进一步发展。所以翠华山地质公园在今后的管理人员选聘中应当将心理资本状况作为考量的标准之一。

3.帮助心理资本水平较低的员工

翠华山员工在乐观和自我效能两个方面的状况较低显然会直接影响组织内的知识转化。对于这种情况，可通过施行员工帮助计划（EAP：Employee Assistance Program）改善其心理资本状况。这是国际上常用的一种员工心理资本管理的保障系统，它是由组织出资，作为一项福利，由第三方的专业服务机构提供给员工及其家属成员的一项系统的心理咨询服务[180]。事实证明员工帮助计划对提高员工士气、满意度和工作效率，减少工作倦怠有明显成效[181]。

9.1.5 提升地质公园员工组织认同的策略

1.承担社会责任

员工容易认同承担更多社会责任的组织，这就要求翠华山地质公园对自身的使命进行合理定位，在经营理念上不要单纯追求经济利益，而应体现更多的社会责任，从而使由于受教育水平较高而具有更多社会责任感的员工容易接受组织的价值观，实现对组织的认同。

实证研究表明，组织形象或组织声誉是影响组织认同的决定因素之一。正面的组织声誉与成员的认同相关，可以预防成员对企业产生不认同感，负面的组织声誉会使成员为了维持积极的自我感而与组织分离[133]。

组织形象和组织认定影响和推动个人的理解和行动的动机，而且这种理解和动机进一步影响其后的组织行动模式。因此，组织适配和印象管理应当与组织认定结合起来[182]。高声誉的组织能够满足员工受尊重的需要。

2.加强契约管理

劳动契约依据市场法则确定员工与组织双方的权利、义务关系，使员工有章可依地遵守组织规范，形成以劳动契约为基础的组织认同。翠华山地质公园可以选择较高的工资、灵活的福利、丰富多变的工作内容、弹性的工作时间等有效方式在制度层面激励知识员工。职业生涯规划是企业可选择的长期有效方法，清晰的职业前景包括工资增加、职位提升以及股权参与等能够激励员工将个人进步和组织发展结合起来。而详细的法律和经济安排，如分享利益及剩余索取权都有利于维持高层员工的忠诚。实证研究已经证实员工持股计划对组织认同的正向效应[183]。在某种程度上，个人财产是自我概念的延伸，财产通过所有者控制、熟悉和投资的感觉而成为自我认同的一部分[184]。通过持股这种自我延伸效应会使知识型员工更认同组织。

相较于以劳动契约为基础的组织认同，更为重要和长期有效的方式还是共享的积极情感和社会联系，用感情纽带来凝聚人心。这种以心理契约为基础的组织认同对知识型组织尤为重要。翠华山地质公园应努力建立优秀的企业文化，发挥企业文化的凝聚功能和导向功能，增强员工对组织的自豪感和归属感，使员工自觉围绕地质公园的发展目标努力，实现个人和组织共同成长[185]。

3. 协调知识型员工的专业认同

在知识经济时代，知识型员工需要更大的自由发展空间，理想的工作场所已不再只是提供高薪酬或承诺终身雇佣，而是能够给组织中的成员提供所需的机会、资源和灵活性，以促进他们可持续性地成长、学习和发展，提供有助于他们维持职业进步的组织环境。以革新的思维和眼光重新认识组织的职能，将组织看作一所能够让成员不断进步的学校，而其中的知识员工则是这个组织的毕业生或者说是"校友"[105]。

知识型员工往往将工作视为进一步发展专业技术和建立专业声誉的过程。专业认同是指个体按照其所从事的工作以及从事该项工作个体的典型特征定义自己的程度，是专业工作角色具有的独特的态度属性和价值观[186]。旅游组织中需要众多学科的专业人才，应该鼓励员工努力在专业上有所成就，组织要为员工提供专业成长的平台，并在组织中建立知识共享系统，通过员工专业知识的积累提升组织中形式知识的存量，营造集体学习的良好氛围。

（1）创造有利于知识转化的"场"

地质公园作为开展知识旅游的最佳场所，要想为旅游者提供既有知识性又有趣味性的美好体验，必须要依靠组织内的员工，或者说要提高外部顾客的满意度，必须要以内部顾客的满意度为前提条件。作为组织的内部顾客，作为地质公园这所"学校"的"校友"，组织要成为一个理想的知识创造的场所，一个理想的工作场应尽力打造有利于知识转化的"场"。

（2）强调对员工进行"美"的教育

现代教育过于注重科学而忽视了对美的关注。目前很多组织中的成员都缺乏美学修养，地质公园中的员工在这一方面也同样亟需加强。美学理论提示我们："对平衡的感觉和对美丽的欣赏可以帮助我们发现处理复杂事物的简单方式的潜能。"对于身处复杂多变的社会中的人们而言，这一论述堪称神来之笔，原来处理复杂事物可以有如此简便而美好的方式。马斯洛将求知和审美并列为人类高层次的精神需求。也许可以解释为求知和审美是通往人的自我实现和自我超越的两条不同道路，虽然路径不同，但殊途同归。

（3）打造知识员工的理想工作场所

鼓励员工追求理想，因为追求理想会让人更努力也更有创造性。让地质公园成为知识型员工的理想工作场所，吸引更多有知识有热情的杰出人才加盟，通过他们的知识转化不断丰富和改进知识旅游产品，提升地质公园的内涵和品位，实现知识转化的螺旋式上升效应，推动地质公园知识旅游活动步入可持续发展的良性循环。

9.2　促进地质公园外部知识转化的策略

9.2.1　产学合作中的双向知识流

地质公园管理涉及地质学、生态学、社会学、心理学、美学、管理学等众多学科，需要借助组织之外的智力资源。知识旅游注重产学合作，就是为了促进旅游业界和学界的双向交流互动。让理论研究有更坚实的现实基础，为旅游活动和旅游业管理解决实际问题，也让旅游发展更有前瞻性，管理行为更有理论依据。翠华山地质公园在旅游景区的产学合作方面走在前列。地质公园在前期申报中必须要编制地质遗迹保护规划，这是专业性很强的工作，主要涉及有关地质遗迹的成因、地质景观的国际对比意义和地质遗迹保护策略等，主要由地质学科专业人士承担。目前，我国地质公园的前期考察、申报工作基本上都是由各大院校和研究所的地质学家负责。因此，地质公园的建设一开始就已经决定了其必须注重产学合作的特点，也往往有赖于相关院校的技术支持。

地质公园科研主要是对已有地质遗迹的成因进行科学研究和解释，其作用有两方面：一是为地质学科的发展服务，通过科研有助于深化对某种地质作用和地质现象的认识，丰富科学研究内容，对翠华山山崩成因的研究，就是对山崩科学的深化和丰富；二是对地质遗迹成因和现象的研究，将直接服务于解说词和导游词的编写，给游客提供正确严谨的科学知识。因此，自然资源部要求每个地质公园必须将门票收入的百分之二用于科研，足见其重视程度。目前，地质公园科学研究已经列入自然资源部颁发的地质公园规划编写提纲之中,要求地质公园应对地质遗迹特点进行多角度的研究,基于地质公园地质遗迹的科学价值,地质公园已成为开展地质科学研究的重要基地。例如,陕西师大撰写的《秦岭终南山地质遗迹全球对比及世界地质公园建立》《翠华山水湫池及其附近崩塌堆积形成年代探疑》等论文刊载于《地质论评》《中国历史地理论丛》。

在依靠大学和科研机构开展地质科研和地学科普的同时,翠华山地质公园与研究机构的合作也为员工提供进修机会。公园应该重视这样的知识更新,在游客较少的淡季,利用和大专院校的密切联系,为员工提供相应的学习机会,鼓励员工学习自己感兴趣的课程,并给予相应的奖励,以促进知识的双向流动。

9.2.2 知识旅游者的乐园

1. 建设环境友好型景区

社会发展观已经从"环境换取增长"转变到"环境优化增长",将地质公园建设为环境友好型景区,可以通过实施生态本底保护工程,做足保护环境、恢复生态的工作,这既是地质公园开发的先决条件,也是地质公园发展的目的之一,改善公园的生态环境以维护地质遗迹所存在和展示的良好生态背景。

2. 科普教育基地系统完善工程

地质公园是地质科学研究与普及的基地,强调地质遗迹的保护与地质科学研究紧密结合,地质公园的开发与对公众进行地质科学和环境问题方面的教育紧密结合,不是建设一处地质博物馆就能够实现这一目的,而是要把科普教育作为系统工程,既重视硬件设施的建设,更注重软件的完善,进一步完成科普教育基地的工程建设。同时,进行软件设施方面的配套完善,购置电脑、触摸显示屏等设备,采用数字化、仿生、虚拟现实等高新技术,让观众在浓郁的科学氛围中,通过亲手操作和亲身体验,轻松步入精彩纷呈的地学空间。

同时应该制定大众化环境教育计划和科学研究计划,计划中要明确目标群体(中小学、大学、公众等)、活动内容以及后勤支持,进行与地学各学科、环境问题和可持续发展有关的环境教育、培训与研究。翠华山地质公园内还富含历史的、文化的人文景观内容。这些需要从相应学科的角度对其特征和价值进行研究说明。

3. 注重与中小学校建立联系,让孩子成为地质公园的常客

翠华山地质公园应注重吸引学生群体,尤其是小学生和中学生,甚至是幼稚园的儿童,使园区成为生动的地质课堂,让孩子们走进大自然,接触地质遗迹和自然景观,学习有关岩石、水和植物的知识。

中小学生是知识旅游非常有潜力的目标市场。知识社会人们对知识的关注也表现在对孩子教育的重视上，不仅学校在课程改革中注重课堂和实际生活相联系，家长也愿意为孩子创造多种多样的学习机会。游学是学生和家长经常采用的寓教于乐的方式，有景区的公园专为中小学生开设专题内容，例如我国台湾地区阳明山的自然保育研习营[187]、香港湿地公园的湿地教室[188]都是可以借鉴的中小学生参与性活动。

可以让学生通过参与活动获得独特的纪念品，比如一本特别设计的小册子，里面可以有地质公园的简短解说词、照片、地图、讨论题，并留有空白供学生绘画、写字之用，让学生的翠华山之行充满美好的回忆，从而对地质公园有较高的场所依附，培养忠诚度高的顾客群。

4. 实习教育基地建设

翠华山地质公园与陕西师大、山西师大、西安科技大学等合建实习基地，每年接待师生实习，并聘请有关专家进行野外教学，翠华山导游也能配合进行讲解。在陕西师大每年的自然地理实习中，安排有专门的山崩地貌和变质岩地层考察实习路线，学生通过实习撰写实习报告和小论文，收到了很好的效果（见图9-1）。建立实习基地不仅有助于大专院校开展地学教育，同样有利于地质公园解说服务品质的提升。

图 9-1　地学实习基地

旅游院校师生在节假日和有关专业会议期间通过担当公园义务导游进行地学知识普及，如全国旅游地学会议期间，陕西师大旅游系学生很好地完成了导游任务，受到会议的好评，这也是陕西师大旅游系和翠华山合作成功的实例。

5. 专业科考线路

翠华山地质公园应邀请有关专家和研究机构前来考察，开展科研和学术活动，并选择多项专题，进行科研攻关，提高科学研究程度，充分挖掘科学内涵，这需要开辟并维护数条地质遗迹典型的有科研意义的考察道路。笔者跟随导师实地踏勘两条路线很有代表性。

路线1：翠华山山门口—天池—甘湫池—终南之巅

此路线集本公园的精华之所在，极力向科考、科普人员展现世界排名第三的山崩地质遗迹景观，本线路内山崩地质遗迹景观资源类型丰富多样，是研究山崩地质作用及崩积体的绝佳场所，沿途可勘察到：崩积体、崩塌壁、堰塞湖、崩塌石峰、扭断裂石、崩塌洞穴、崩塌石海、崩塌风洞、崩塌冰洞等。

路线2：太屿正岔—新凤沟—石秀谷瀑布—九天瀑布—终南之巅

此路线虽与路线1同属一个景区却向世人展现了两种不同风格的地质遗迹风貌，路线内既有高耸的断崖，也有一泻千里的飞瀑，更有奇峰林立的各式峰丛。沿途看到的主要地质遗迹景观有：①"鸟窝"状孔洞（花岗岩中因含有易蚀性成分，经过风化剥蚀作用，形成了类似"鸟窝"状的孔洞）；②山崩形成的二扇门；③断层破碎带；④花岗岩在经历垂直节理发育后，由于后续的构造运动产生位移，从而产生了一种看起来近似水平状的节理假象；⑤直立花岗岩墙；⑥构造断崖；⑦角闪、黑云斜长片麻岩；⑧一组难见的断层三角面；⑨花岗岩水平叠柱；⑩九天飞瀑等。

9.2.3 解说系统改进策略

知识经济时代，随着人们教育水平的提高和对景区信息了解的增多，个性化的旅游市场空间越来越大[189]。地质公园推出以地学科普为主题的知识旅游项目，使旅游的内涵得到充实和提高，为了满足不同游客群体对于景区信息的需求，有必要将地质公园的解说规划视为一个动态过程，也是一个由知识旅游者参与构建的互动过程。通过不断地评估与修正，使解说真正能够发挥引导游客，加深认知，进而保护地质遗迹，并使游客获得求知愉悦的作用。鉴于此，对翠花山地质公园的解说系统提出如下建议：

1. 加强人员解说服务，促进暗默知识转化

人员解说提供面对面的知识交流和转化的机会，尤其是暗默知识只能够通

过这种对话的形式互动,通过共同参与和同样情境下的共同体验来转化。数据分析表明,翠华山地质公园游客对人员解说的需求较高,也验证了尼克尔斯(Nichols)提出的听觉的交流设施是解说中最有效的媒介工具[190]。而翠华山地质公园的讲解员不足10人,显然远不能满足游客对人员解说的需要,而供需缺口可以借鉴我国台湾地区阳明山公园的旅游解说志工制度来解决。解说志工制度的设立,源于旅游区人员编制不足的问题,志工招募可以不限特定对象[191],学生、离退休人员、当地居民均可以成为义务解说员。此次被调查的学生中明确表示愿意担任此项工作的占40.2%,这些教育程度良好的学生完全有能力承担解说的工作。重游率达53.2%,表明翠华山地质公园拥有一批忠诚度高的游客,可以通过建立会员式的服务,吸引其日后加入解说志愿者的行列[192]。另外,可以组织对地质公园有兴趣的当地居民,通过地质遗迹知识培训和其他的宣传手段使他们增加对园区遗迹的了解和欣赏,自觉增强保护和宣传遗迹知识的意识,这会在很大程度上提高游客地质公园旅游的质量和增加游客对当地的旅游感知形象[172]。

知识旅游对地质公园解说人员提出了更高的要求,他们在工作中要担当起出色的教师的角色,成为组织引导者、学习研究者和沟通合作者[193]。组织引导者,引导旅游者参与地质公园内涵的探究中;学习研究者,要求解说员自己不断学习,向游客学习,向自然学习,向专家学习,持续的自我教育;沟通合作者,由于知识多元化,观念方面的冲突和争议在所难免,观点的差异恰恰是探究、怀疑、批判并重新认知的过程,也是知识的碰撞和创新的契机,作为解说人员可以通过对话加强与游客的沟通,在差异中寻找合作的可能。翠华山地质公园的专门地学导游缺乏,地学导游讲解不能以传说神话等内容为主,应该有地质专业知识基础,对地质遗迹的科学性能够深刻理解,并经过导游培训才能够正确传播地质公园的地学内涵。

加强人员解说还能够更有效获得游客的消费反馈,通过和游客的知识互动,学习游客的暗默知识,体察和发现知识旅游者更多的需求,从而有助于进一步改进、完善和丰富地质公园所提供的知识旅游产品。

2. 改进形式知识的传播

解说出版物和多媒体作为知识传播的渠道和载体,主要用于形式知识的转化,对地质公园的知识旅游活动开展是重要的支持系统。从调查分析的结果看来,解说折页和多媒体演示显然是翠华山地质公园在解说媒介方面的短板;宣传册、幻灯片、多媒体演示等技术手段在解说中发挥着重要作用,但翠华山地质公园显然在这方面还有待完善;印刷品种类较少,而且主要放置在公园内的博物馆中不便于游客取阅;多媒体的内容也相对简单,需要更新。

3. 根据游客需求差异提供相应的知识旅游产品

知识旅游有着明显的多元化趋势,其原因在于旅游者的求知需求千差万别。因此,提供知识旅游产品首先要深入了解游客的知识需求。

本研究显示不同特征的游客对解说主题的需求有显著差异,可见,翠华山地质公园应针对不同游客的特性而建立不同的解说层次和内容[194],编制不同主题的解说内容。认真规划设计的解说,能够通过增加游客知识改变其态度,重塑其行为,从而获得旅游的可持续发展[195]。也能够通过高质量知识旅游产品的使用,提高游客的满意度,建立地质公园开展知识旅游的特殊氛围和良好形象。

9.3 地质公园的知识旅游促销策略

9.3.1 管理数据库建设

地质遗迹资源的保护是建立在对其分布、数量、类型、特征、环境保护现状、开发进度有清楚认识的前提下的。而充分掌握地质遗迹的相关资料最好的办法就是建立地质公园数据库以便规划、保护、开发和合理利用,也是推进地质遗迹的科学研究和地学普及的重要条件。数据库的建立可以有效地收集整理地质公园内地质遗迹的相关资料,进而以管理数据库为依据建立地质公园网站,便于扩大知名度,也是与其他地质公园交流的网络平台。同时,可以开展科普咨询等各种地学科普活动,促使翠华山地质公园的社会影响力不断增强。

9.3.2 重视传媒渠道

在知识经济时代,信息以爆炸形式增长,人们习惯通过互联网进行信息获取和交流。以网络、电视、报刊为主渠道,主攻重点目标市场的有影响的新闻媒体,将翠华山景区的形象传递给更多的受众,扩大知名度,塑造品牌形象。

9.3.3 事件营销

事件营销是指通过专业策划、组织和利用具有名人效应、新闻价值以及社会影响的人物或事件,引起媒体、社会团体和消费者的兴趣与关注,以求提高企业或产品的知名度、美誉度,树立良好的品牌形象,并最终促成产品或服务的销售目的的手段和方式。事件营销是国内外近年来流行的一种公共传播与市场推广手段,集新闻效应、广告效应、公共关系、形象传播、客户关系于一体。

互联网的飞速发展给事件营销带来巨大契机。通过网络事件或话题可以更轻松地进行传播和引起关注，由于这种营销方式具有受众面广、突发性强，在短时间内能使信息达到最优传播的效果，为企业节约大量的宣传成本等特点，近年来成为国内外流行的一种公关传播与市场推广手段。

9.3.4 地质公园的知识促销

翠华山地质公园作为地学特色浓厚的知识旅游产品，其营销也应该对售前、售中和售后三个环节分别采取相应的知识促销策略。售前注重知识引导，或者说知识铺垫，通过宣传地质公园的特色，使公众认识到地质公园旅游的教育职能。另外，提供给旅游者必要的地学基础知识，便于他们对地质公园中的较为艰深的知识有兴趣，并进一步帮助他们对各种知识旅游产品的理解和使用。

售中的知识转化，可以让旅游者通过模拟科考、登山等活动进行情境性的参与和体验，使用翠华山地质公园中的博物馆、科考线路、解说牌示等知识旅游产品，推动旅游者自主构建新的、个性化的知识体系。

售后的知识传播是旅游者个性化的知识通过感悟，表述传递给他人，翠华山地质公园应加强网站的管理，以网络日记、博客等形式为旅游者提供与更多人分享知识的平台，使地质公园旅游的影响具有"涟漪效应"，从而影响更多潜在的旅游消费者参与到地质公园旅游活动中来。

第十章 丹霞山世界地质公园的知识旅游发展

10.1 丹霞山世界地质公园概况

10.1.1 入围全球首批世界地质公园

丹霞山位于广东省韶关市仁化县境内，东经113°36′25″至113°47′53″，北纬24°51′48″至25°04′12″之间，总面积292平方千米。

丹霞山是世界"丹霞地貌"命名地，由680多座顶平、身陡、麓缓的红色砂砾岩石构成，"色如渥丹，灿若明霞"，以赤壁丹崖为特色。距今1.4亿年至7000万年间，丹霞山区是一个大型内陆盆地，受喜马拉雅造山运动影响，四周山地强烈隆起，盆地内接受大量碎屑沉积，形成了巨厚的红色地层；距今7000万年以后，地壳上升而逐渐受侵蚀。距今600万年以来，盆地又发生多次间歇上升，同时流水下切侵蚀，丹霞红层被切割成一片红色山群，形成了丹霞山景区[196]。

丹霞山以赤壁丹崖为特色，被称为"中国红石公园"。它曾列为广东四大名山之首，自古为岭南第一奇山。作为丹霞地貌类风景名山的典型代表，旅游观赏价值极高。丹霞地貌作为风景资源主要包括赤壁丹崖景观、造型地貌景观、丹霞群峰景观、丹霞岩洞景观、巷谷地貌以及丹山碧水组合景观等。在世界上的丹霞地貌景观中，丹霞山是被公认的发育最典型、类型最齐全、造型最丰富、风景最优美的区域[197]。

丹霞山在地层、构造、地貌表现、发育过程、引力作用以及自然环境、生态演化等方面的研究在全国丹霞地貌区最为详细和深入，已经成为全国乃至世界丹霞地貌的研究基地以及科普教育和教学实习基地[196]。

自1988年开发以来，丹霞山先后被列入和评为国家级风景名胜区、国家级自然保护区、国家地质公园、国家AAAA级旅游景区、国家AAAAA级旅游景区，2004年2月13日经联合国教科文组织批准为全球首批世界地质公园，2010

年被列入《世界遗产名录》。

10.1.2 丹霞山的自然资源

丹霞山不仅地质地貌景观独特，动植物资源也很丰富。这里的植物资源具有明显的中亚热带和南亚热带过渡的特征，全部植物共 216 科、891 属、1916 种。其中丹霞山植物区系共有 1706 种，隶属于 206 科 778 属；丹霞山各类珍稀濒危保护植物 23 种；世界自然保护联盟濒危特种（IUCN）红色名录收录的 5 种；中国物种红色名录 16 种；国家重点保护野生植物名录 13 种；丹霞山中国特有种 97 科 204 属 347 种；其中丹霞山本地特有种中，丹霞梧桐、丹霞南烛、丹霞小花苣苔最为突出和有代表性。被国家重点保护野生植物名录（1999 年）记载的 13 种，其中中华水韭为I级重点保护[198]。

在动物资源上，保存着野生动物良好的生态环境。丹霞山有哺乳动物 88 种，鸟类 288 种，爬行类 86 种，两栖类 37 种（或亚种），鱼类 100 种或亚种，昆虫 1023 种。列入中国物种红色名录的动物 59 种，列入 IUCN 红色名录的动物 73 种，列入《濒危野生动植物种国际贸易公约》（CITES）的动物 66 种；中国国家重点保护动物 54 种，其中I级保护动物 7 种，II级保护 47 种。有国家重点保护野生动物 75 种，其中一级保护动物 9 种，二级保护动物 66 种[198]。

10.1.3 丹霞山的人文底蕴

丹霞山地处南岭山脉南麓。历史上丹霞山人文景观荟萃，长老峰一带更是集中分布着大量文化遗产。在丹霞盆地西南缘有著名的马坝人头骨化石遗迹，是研究早期智人的重要线索。在狮子岩的石峡文化遗址，是距今 6000 年前新石器时代晚期的古人类文化遗存。

北宋徽宗崇宁（1102—1106 年）年间，法云居士云游至丹霞梦觉关，见奇洞胜景，山石"色如渥丹，灿若明霞"，顿觉醒悟，发出"半生都在梦中，今日始觉清虚"的感叹，遂题"梦觉关"，并在此建庵宇 18 间，供奉观音菩萨。明代崇祯末年（1644 年），江西赣州巡抚李永茂抗清未遂，携家眷隐居于丹霞山"长老寨"，筑舍开田，邀朋聚友。其弟李充茂于后将此山施予寺庙。清康熙元年（1662 年），广州海幢寺澹归禅师，来丹霞山开辟道场，营建别传寺。先后修建大雄宝殿、弥勒殿、观音阁、藏经阁、方丈楼、禅房、客堂等，建成一座颇具规模的半山寺院，取佛教禅宗"不立文字，教外别传，直指人心，见性成佛"的教义中"别传"二字为寺名，称"别传禅寺"。中华人民共和国成立后，1963 年仁化县建立丹霞山林场，1980 年本焕法师募捐千万元重修别传寺，并陆续重修锦石岩等景点。1984 年，别传寺佛像开光，国内外佛教徒千余人前来祝贺，盛况空前。从此，别传寺和锦石岩以其繁盛的宗教活动吸引着成千上万的佛门弟子和海内外游客络绎不绝前来进香游览观光[196]。

2020年底开始，广东省文物考古研究院牵头，联合多家单位，对丹霞山文化遗产开展全面调查，发现了11座塔墓，较为集中地分布于长老峰一带的山林中，年代多为清朝。与当地传统客家墓葬形制有相似之处，是佛教葬俗文化吸收地方丧葬习俗的表现[199]。此外还有众多古代的石窟寺、古山寨遗址、悬棺岩墓和古村落，摩崖石刻及岩画遍布丹霞山间。

10.2 丹霞山世界地质公园的知识型员工

丹霞山是我国率先尝试从传统观光旅游景区向知识科普旅游目的地转型的景区之一。近年来，从知识管理角度尤其是发挥地方性知识角度来促进旅游地治理和社区发展的做法得到了更多重视[200-201]。经过十多年的实践探索，丹霞山世界地质公园在依托地方性资源的基础上形成了以科普研学旅游为主的发展路径[202]。

要实现这种转型，必须依靠知识型员工队伍的建设。丹霞山管理委员会敏锐地认识到了这一点，把科普教育人才队伍的建设放在非常重要的位置，统筹社会资源组建了一支由科普顾问、自然教育导师和志愿者组成"三维一体"的自然教育人才队伍[203]。

10.2.1 丹霞山自然教育导师

通过对丹霞山管理委员会主任陈昉女士的访谈了解到：管委会发动社区热爱自然教育的人跟随专家团队参与科研调查、参加科普讲座、加入专家指导的线上线下学习社群等方式，提高自然教育导师的能力和素养，并通过多元多样的考核认证了包括博物馆导师和社区科普导师组成的首批32名自然教育导师。

通过了解丹霞山多个方面的综合性知识，结合导师深入浅出的科普解说，进行生动的科普教育，并结合丹霞山自然学校的体验课程，为孩子们认识自然、了解自然创造更多的可能性，引导学生从不同角度重新认识科普教育。

丹霞山管委会持续举办了系列自然教育导师培训班，对自然教育导师进行常态化培训，近年来先后完成培训上千人次，储备了一大批热爱自然的社区自然教育人才队伍。

10.2.2 丹霞山科普志愿者

丹霞山世界地质公园注重科普志愿者队伍建设，自 2014 年启动丹霞山科普志愿者训练营以来，招募并培训了 600 多名科普志愿者，带来全新的理念和课程，并成为丹霞山自然教育品牌传播的主力军[203]。如图 10-1 所示。

图 10-1　丹霞山科普志愿者训练营

丹霞山科普志愿者训练营活动的开展，不仅有利于公众科学文化素养和公园科普影响力的提升，而且对丹霞山世界地质公园科普事业的发展起到了推动作用。营员们通过相关科普活动和课程的学习，获得了大量的知识，了解到丹霞山优越的生态系统和丰厚的人文积淀。在其后的工作生活中，志愿者有责任积极宣传丹霞山，成为丹霞山知识传播的终身志愿者，向更多的知识旅游者解说世界地质公园的生态价值、地球科学价值、文化价值和美学价值。

丹霞山优秀的科普志愿者很多，在此仅举其中两个例子，以彰显知识型员工的特点及其在知识转化过程中的重要性：

蔷薇姐姐：丹霞山自然学校校长，持有国家导游证和教师资格证，具备青少年研学课程设计和团队管理组织能力，独立设计自然课程，开展多期自然科普活动，策划实施韶关市科普自由行活动。她怀着一颗自然之心，在自然中寻找乐趣，获得智慧，结合丹霞山的地质地貌、动植物和深厚的人文历史等多个方面，开展知识性与科普性共存的研学教育。

子豪哥哥："Earth 24H"科普品牌创始人，拥有丰富的科普创作及转化经验，具备专业科普创作能力，博物馆科普讲师、科普插图手绘师、独立科普视频制作人。2006年至今，任山西博物院、兰州市博物馆的志愿讲解员；参与世博会项目"会动的"《清明上河图》的制作；制作的枣阳吴店镇编钟、车马出行图等三维动画被选为湖北省博物馆峰会开幕动画。2016—2017年，他参与编写《地学真好玩儿》手绘科普读物，荣获自然资源部优秀科普图书。一直以来，他带领团队致力于青少年儿童的地球科学知识普及，为了让孩子们真正学习到地球科学知识，他潜心研究、借鉴国外博物馆的成熟经验，开发了一系列有趣的博物馆儿童科普课程、课程学习手册、自然笔记等。课程生动有趣，深受孩子们的喜爱，孩子们都亲切地叫他——子豪哥哥[204]。

根据中国新闻网2021年7月9日报道，丹霞山入选"全球世界遗产教育创新"十佳优秀案例，新闻称："本次活动有来自五大洲的近百个作品参评，最终评选出全球优秀推荐案例10个，推荐案例12个。获评案例将在第44届世界遗产大会边会上进行重点展示，并颁发国际专业机构颁发的证书。同时，丹霞山科普志愿者案例也受邀将在第44届世界遗产大会上进行展示。"

10.2.3　丹霞山专家团队

丹霞山管理委员会擅长借用外脑，注重加强与高校、科研机构的合作，依托高校、科研机构的高等级人才资源，将专家转化为丹霞山科普顾问，组建丹霞山科普智库，在产学合作中通过知识的双向流动，促进了丹霞山世界地质公园的外部知识转化。

本书前文分析过地质公园的管理涉及地质学、生态学、社会学、心理学、美学、管理学等众多学科，亟需借助组织之外的智力资源。因此知识旅游特别注重产学合作，就是为了促进旅游业界和研究学界的双向交流互动。

2021年7月28日至8月2日，由韶关市丹霞山管理委员会主办，脚爬客承办的2021年丹霞山全国科普志愿者训练营活动在广东省丹霞山世界地质公园顺利举行。除了主办和承办单位的负责人出席，据凤凰网报道："来自武汉大学、中山大学、四川大学、中国海洋大学、华南师范大学、广东省环境保护宣传教育中心等全国高校、政府部门、《古地理学报》等机构和单位的30余名科普志愿者齐聚广东省丹霞山世界地质公园，共同参加2021年丹霞山世界地质公园科普志愿者训练营。丹霞山优秀科普志愿者、同济大学陈俊飞博士担任本次活动科普导师。"

可见丹霞山的高级别专家团队虽然不是组织员工，但在促进地质公园外部知识转化的过程中，发挥了积极的作用。

10.3 丹霞山世界地质公园的知识旅游场域

知识旅游的场域建设不仅是指现实中物理空间，也着眼于建构便于知识型员工之间以及他们和知识旅游者之间相互联系的精神网络。在这样现实和虚拟相结合的场域中，知识的共同化、表出化、联结化、内在化不仅有实现的现实场所，而且也逐渐成为场域中行为主体的惯习。丹霞山世界地质公园在这两方面都取得了可资借鉴的成就。

10.3.1 知识转化社区——丹霞山科普小镇

作为粤北山区最亮丽的生态明珠，丹霞山世界地质公园还肩负带动全域高水平高质量发展的重任。十多年来，丹霞山保护管理机构发挥龙头带动示范作用，主动帮助园区内外的旅游企业、工矿企业、科研科普机构、社区经营户和乡村居民发掘自然教育资源，打造多元多样的自然教育产品，培训和培养了上百位自然教育达人，培育了 30 余家特色不同的科普学堂，统一以丹霞山科普小镇的名义对外宣传推广，形成了以自然教育为主题的红红火火的知识旅游产业集群。

2019 年，广东省首个科普小镇落地丹霞山，30 家依托矿山公园、博物馆、气象中心、家庭农场、民宿客栈、古村落打造的科普学堂也成为最受欢迎的自然教育服务提供者，上千名社区的旅游业从业人员、企事业单位在职人员、村民和经营者以及志愿者转化为自然教育的从业人员和科普导师。开设的铅锌矿开采冶炼、气象科普、天文观星、农耕体验、客家美食制作、非遗手工课程、红色教育等特色课程每年吸引数十万知识旅游者参与。丹霞山科普小镇成为一个充满活力的学习型和成长型社区，在这个知识导向型社区内，各学堂从业人员友好交流，不断成长，共同学习，共同进步，大家发自内心地热爱丹霞山，自觉自愿守护丹霞山，推动了丹霞山可持续发展，成为省内外自然保护地争相学习借鉴的典范。

丹霞山作为国家公园候选地和广东省唯一的世界自然遗产地，先后入选全国科普教育基地、国家林草科普基地、国土资源科普基地、全国自然学校、广东省高品质自然教育基地等。丹霞山管理委员会的负责人表示："未来，丹霞山将继续加强自然教育工作，立足丹霞山提供优质的科普研学课程和有趣的自然教育服务，引导公众关注自然、走近自然、尊重自然、热爱自然，培育丹霞山生态旅游新业态。"

10.3.2　知识传播社群

不仅有科普小镇这样的现实知识旅游社区，丹霞山管理委员会也很注重现代科技支持下的线上社群构建。

在丹霞山的社区旅游参与中，不仅要求从业者具备旅游服务技能和素养，更要求从业者要以知识服务为前提，具备将地方性资源转化为具有科普研学价值的旅游教育产品的综合能力。丹霞山新的社区旅游发展模式催生了一批"能人"，即知识精英，特指在社区导向的旅游参与中掌握地方性知识和绿色发展理念，科普研学服务思维和技能，能将地方性知识转化成教育旅游产品的社区个体[202]。

从2014年起，管委会依托丹霞山自身资源，举办了"野生植物辨认大赛""青少年观鸟大赛"等知识旅游品牌活动，成功地吸引了各地的专业爱好者前来参加。这些知识旅游者通过官方网站如地质公园之家官方网站、韶关市丹霞山公众信息网，以及微信地质公园之家、微信丹霞山联系在一起，并在当地政府的支持下形成了多个如天文、植物、鸟类、菌类等学习社群。社群既有当地的知识精英，又有全国各地自然爱好者，还有通过管委会引入的专家团队，各专业群内都有博导坐镇。在这样的超时空场域中，知识的共同化、表出化、联结化、内在化不仅有实现的场所，而且已成为场域中行为主体的惯习。

在这样的知识传播社群中分享知识，发现新知识，形成了一种习惯，一种氛围。截至2022年12月，丹霞山已发现和命名的新物种达39种，其中绝大部分是仅在丹霞山分布的极小数量特有种群[205]。这么多的新物种被发现和命名，知识传播社群显然功不可没。

10.4　丹霞山的知识旅游产品

知识旅游的核心是知识的传播与转化过程。基于知识的特性与旅游者的接受能力与接受习惯，丹霞山教育旅游产品开发需要对知识进行转化。目前主要有两条路径，即自然科学知识的科普化与生产实践知识的系统化[206]，主要形式为自然学校、科学考察路线以及形式多样的科普主题活动。

10.4.1　丹霞山自然学校

丹霞山保护管理机构重新梳理和转译丹霞山多元多样的资源禀赋，深挖丹霞山地球科学价值、生态价值、文化价值和美学价值，从讲风景到讲科学，依托世界地质公园建设丹霞山自然学校。

室内教学在丹霞山博物馆开展，户外教学以大自然为课堂，培养学员热爱自然之美，从自然中汲取知识和能量，走进丹霞山就进入了这所神奇的自然学校。如图10-2所示。

图 10-2　丹霞山自然学校

自然学校结合青少年成长和生态文明科普需求，以学龄和学时为参考研发了200多个研学实践课程，内容涵盖地质地貌、地理、生物多样性、美学、人文和传统手工体验等，其中最有代表性的如《丹霞地貌与中国丹霞》《红石头的故事》《夜观丹霞秘境》《国宝丹霞》《生态观鸟》《天文观星》《古村落选址与建筑美》等系列品牌课程，丹霞山目前已开发200多套符合中小学生学龄、学情的自然教育课程，每年吸引近40万人次的社会公众走进丹霞山接受自然教育，成为全国大中小学师生开展自然教育活动的首选地之一。[203]

10.4.2　丹霞山科学考察路线

丹霞山世界地质公园对专门的科学考察路线的设计规划详尽。景区中不同的线路对应内涵各异的知识旅游产品。科学考察路线，一般指沿途有科学研究价值的景观分布，是知识旅游者能够在有效的引导下自主探寻知识，享受求知愉悦的线路。

丹霞山已建成一批自然生态主题科普小径，如观鸟小径、观蝶小径、观苔小径、观荧小径、观蛙小径等，还有九条科普考察路线如表 10-1 所示，激活了丹霞山生态资源。

表 10-1 丹霞山科学考察线路一览表

序号	主题	全长	估计游程
1	层岩尽染读天书：锦石岩 1 号线	1.3 公里	2 小时
2	美不胜收登高处：长老峰 2 号线	2—4 公里	2—4 小时
3	湖光山色两相宜：翔龙湖—阴元石 3 号线	陆路约 5 公里，水陆并进约 3 公里	2—3 小时
4	孤留一柱撑天地：卧龙岗—宝塔峰 4 号线（深度体验丹霞山无人区原生态风光首选）	0.55 公里	4—5 小时
5	雄风最宜是朝阳：阳元石—细美寨 5 号线	4 公里	2—3 小时
6	浑然天成世间稀：通泰桥—混元洞 6 号线	2.5 公里	2 小时
7	欸乃一声丹霞红：水上丹霞 7 号线（水上丹霞码头—丹霞电站大坝）	6 公里	1 小时
8	仙山琼阁醉游人：锦江竹筏 8 号线（石下码头—牛鼻村码头）	7 公里	1 小时
9	丹岳峥嵘：巴寨 9 号线	单程 5.5 公里	往返 5-6 小时

资料来源：韶关市丹霞山管理委员会宣传册。

10.4.3 丹霞山科普主题活动

丹霞山常态化地举办各种自然教育活动，已形成诸多自然教育优质品牌。经过多年的探索与实践，打造了图书漂流、丹霞山科普讲座进校园、野生植物辨认大赛、自然观察写作大赛、自然观察笔记大赛、观鸟大赛、科普志愿者训练营、百年丹霞——丹霞山公益科普体验课程等一系列研学实践品牌活动，吸引了大批公众走进丹霞山体验优质自然教育服务。

2022 年 4 月，在第 53 个世界地球日即将来临之际，丹霞山世界地质公园、雁荡山世界地质公园等 22 家地质公园联合举办第 53 个世界地球日·第三届亚太地质公园周暨"友好姊妹公园互展互动"活动，以引导公众关注气候变化，关爱地球家园，充分发挥地质公园科普宣教职能。该活动已连续举办三届，吸引越来越多的公园参加，每年都有上百万公众参与活动，已经成为世界地球日期间世界地质公园最具影响力的品牌科普活动[207]。丹霞山世界地质公园正在成为知识旅游者的乐园。

第十一章 研究结论及展望

知识旅游作为知识经济时代旅游的主流趋势，已经显示出旺盛的生命力和光明的远景。对其进行分析和预测，既是当代旅游发展的现实需要，也是开展旅游研究的理论需要。

11.1 主要研究结论

11.1.1 理论方面

本研究在综述以往相对薄弱的相关研究基础上，借鉴知识管理和积极组织行为学研究的理论和方法，在理论分析方面的结论主要有：

1. 知识旅游是体现知识经济时代特色的旅游发展趋势，目前我国旅游发展已经进入知识旅游的初级阶段。知识旅游需要注重知识管理理论的应用，知识旅游管理的核心是对知识转化的推动。

2. 促进旅游组织内部知识转化的关键是对旅游组织中知识型员工的激励，积极组织行为学为此提供了路径支持。作为"知识人"，知识旅游者表现出不同于传统旅游者的行为特征。旅游组织与旅游者之间的外部知识转化是通过知识旅游产品实现的。

3. 地质公园既是典型的知识旅游产品，也是开展知识旅游活动的理想场所。

地质公园开展知识旅游的策略是提升员工的心理资本和组织认同，通过不断改进解说系统，促进组织内外的知识转化。

11.1.2 实证方面

旅游组织内部的知识转化研究是通过对旅游组织员工的心理资本和组织认同进行的实证调查研究。旅游组织外部知识转化是以地质公园为案例，进行游客的解说需求研究，分析表明：

1. 旅游组织员工的心理资本对旅游组织中知识转化有着正向的积极影响，其中构成心理资本的四种积极心理状态则表现不一，具体而言：

乐观对内在化、客户知识、联结化、共同化、表出化均有显著的积极影响；

韧性对内在化、客户知识、共同化、表出化有着显著的积极影响；

自我效能对内在化、客户知识、联结化有显著的积极影响；

希望只对内在化、客户知识有显著的积极影响，对联结化有显著的消极影响。

2. 旅游组织员工的组织认同对于旅游组织中的知识转化有显著的积极影响，其中组织认同及其构成因子忠诚度对内在化、客户知识、联结化、共同化、表出化都有显著的正向影响。而且年龄在 36—45 岁组的员工表现出较高的忠诚度和组织认同。尽管韧性对组织认同有消极影响，另外三种心理力量希望、乐观和自我效能则都对组织认同有显著的正向影响。因此总体上心理资本是与组织认同呈正相关。

3. 在地质公园解说媒介的偏好上，游客对人员解说有着较高的需求，而解说折页的获取和多媒体演示为地质公园解说媒介的弱项。在地质公园解说主题的需求方面，游客对地质景观成因和动植物知识两项主题的需求较为突出。游客的个体特征对解说主题的需求有明显的影响。具体而言：

年龄在 18 岁以下及 50—59 岁的游客对"地质景观成因"需求显著，而对此主题需求最高的是 19—29 岁的游客。

学生和离退休人员都对"地质景观成因"更感兴趣，公务员偏好"动植物知识"、文教专业人员对"历史典故"需求较高，而"民俗逸事"对农民有吸引力。可见统一的解说内容显然不能满足游客需求的明显差异。

重游的游客对地质公园的"地质景观成因""动植物知识"和"历史典故"等方面信息的需求显著高于初游者。

通过知识旅游者和一般游客对地质公园特色解说满意度的比较研究发现，无论是从总体满意度还是从各个单独的方面来看，知识旅游者相比于一般游客对地质公园的特色解说都表现出了更高的认可度和满意度。

11.2 本研究的创新点

1. 提出了知识旅游、知识旅游者和知识旅游产品的明确概念，分析了知识旅游的内涵、知识旅游者的行为特征和知识旅游产品的体系。

2. 探索了促进旅游组织内部知识转化的实施路径，验证了心理资本和组织认同能够显著影响旅游组织内部知识转化，并尝试分析了知识旅游的场域建构。

3. 以解说作为有代表性的知识旅游产品，分析了地质公园解说的需求，提出了促进外部知识转化的策略。

11.3　研究中的不足及未来研究展望

知识旅游是旅游者追求发展和自我完善的活动，知识转化是知识旅游活动中为旅游组织创造产品，为旅游者创造价值的关键环节。对影响旅游组织内部知识转化因素的进一步研究，可以考虑在知识转化模型中引入积极组织行为学中表述积极情绪的其他变量如主观幸福感，以更加全面了解影响知识转化的因素。

鉴于心理资本属于状态类特征，需要对景区员工的心理资本状况进行长期的跟踪测量，根据其各时段的具体状况，采取相应的干预措施，才能更有效地改善景区员工的心理资本状况，以便景区知识旅游的管理。这也是笔者需要在未来研究中加以完善的。

参考文献

[1] 吴季松. 知识经济学[M]. 北京：首都经济贸易大学出版社，2007：13.

[2] http://unwto.org/facts/eng/historical.htm.

[3] https://baijiahao.baidu.com/s?id=1754685088374005748&wfr=spider&for= pc.

[4] 宋瑞，冯王君. 中国国内旅游市场复苏研究：潜力评估与对策建议[J]. 陕西师范大学学报（自然科学版），2021，49（6）：1-8.

[5] UNWTO. Worst year in tourism history with 1 Billion fewer international arrivals[J]. 2020.

[6] Park I J, Kim J, Kim S S, et al. Impact of the COVID–19 pandemic on travelers' preference for crowded versus non–crowded options [J]. Tourism Management, 2021, 87: 104398.

[7] 冯晓华，黄震方. 疫情常态化防控下游客旅游行为意向研究[J]. 干旱区资源与环境，2021，35（04）：203-208.

[8] 马波，王嘉青. 常态化疫情防控下的旅游产业新走向[J]. 旅游学刊，2021，36（02）：1-3.

[9] 彭兆荣. 后疫情时代的旅游人类学反思[J]. 中南民族大学学报（人文社会科学版），2021，41（01）：71-79

[10] J Wen, Kozak M, S H Yang, et al. COVID–19: Potential effects on Chinese citizens' lifestyle and travel[J]. Tourism Review, 2020.

[11] 王瑞婷，宋瑞，胥英伟. 新冠疫情背景下旅游需求新趋势——基于国内外文献综述的发现[J]. 资源开发与市场，2023，39（03）：345-355

[12] https://baijiahao.baidu.com/s?id=1776152637234174178&wfr=spider&for=pc.

[13] http://paper.people.com.cn/rmrbhwb/html/2023-02/10/content_25964155.htm.

[14] 刘俊. 中国旅游发展笔谈——旅游活动的实践育人价值[J]. 旅游学刊，2022，37（11）：1-3.

[15] http://paper.people.com.cn/rmrbhwb/html/2023-02/10/content_25964154.htm.

[16] 施卫东. 知识经济对旅游产业发展的影响[J]. 东南大学学报（哲学社

会科学版）2021，3（02）：58-61.

[17] https://baijiahao.baidu.com/s?id=1774657032700818423&wfr=spider&for=pc.

[18] 魏小安，韩健民. 旅游强国之路[M]. 北京：中国旅游出版社，2003：275.

[19] 郑向敏. 知识经济与旅游业的变革和发展[J]. 旅游科学，1998（04）：1-4.

[20] 郭洪江. 知识经济对我国旅游业发展的启示[J]. 发展研究，2017（05）：26-27.

[21] 程玉鸿. 知识经济与旅游业可持续发展[J]. 韶关大学学报（社会科学版），2019，20（06）：35-38.

[22] 王静. 知识经济对旅游业发展的作用[J]. 内蒙古科技与经济，2020（04）：24，26.

[23] 粟珍. 论知识经济与我国民族地区旅游业的发展[J]. 改革与战略，2000（06）：20-23.

[24] 李晓莉. 知识经济背景下的旅游企业管理[J]. 广州大学学报，2010，14（05）：45-48.

[25] I. Nonaka, H Tackeuchi.The Knowledge Creating Company: How Japanese Company Create the Dynamics of Innovat ion [M]. New York: Oxford University Press, 1995 : 142-144.

[26] 盛小平. 国内知识管理研究综述[J]. 中国图书馆学报，2012（03）：60-63.

[27] 李勇周，刘小龙，刘旸. 社会互动动机对知识团队隐性知识传递的影响研究[J]. 中国软科学，2013（12）：128-137.

[28] Andrew C Inkpen, Eric W K Tsang. Reflections on the 2015 Decade Award—Social Capital, Networks, and Knowledge Transfer: an Emergent Stream of Research[J]. Academy of Management Review，2016, 41(04): 573-588.

[29] 苑永琴. 基于知识管理的山西省文旅产业融合发展的路径研究[J]. 智库时代，2018（43）：14-15

[30] 曾艳芳，吴伟珍，许锐. 基于SECI模型的农民乡村旅游创新能力培育研究[J]. 中国成人教育，2019（20）：93-96.

[31] C Cooper. Knowledge management and tourism [J]. Annals of Tourism Research, 2016, 33(01): 47-64.

[32] 何小庭. 浅谈知识旅游[J]. 旅游论坛，1986（06）：16-21.

[33] 黄正肆. 程大位纪念馆旅游开发战略思[J]. 黄山高等专科学校学报, 2010, 2 (3): 105-108.

[34] 吴美萍. 知识旅游的初步探讨[J]. 东南大学学报（哲学社会科学版）, 2015, 7 (Sup): 233-235.

[35] 赵士英, 洪晓楠. 显性知识与隐性知识的辩证关系[J]. 自然辩证法研究, 2001 (10): 20-23、33.

[36] 丹尼尔·贝尔. 后工业社会的来临——对社会预测的一项探索[M]. 高铦, 王宏周, 魏章玲等译. 南昌: 江西人民出版社, 2018.

[37] 杨洋. 知识观转型对课堂教学的启示[D]. 长春: 东北师范大学, 2017.

[38] WE Doll. Foundations for a post-modern curriculum[J]. Journal of Curriculum Studies, 1989, 21(03): 243-253.

[39] 张义忠, 汤书昆. "知识人"假定的社会基础与理念基础研究[J]. 科学学研究, 2008, 26 (02): 244-248.

[40] 竹内弘高, 野中郁次郎. 知识创造的螺旋——知识管理理论与案例研究[M]. 北京: 知识产权出版社, 2006.

[41] 何小微. 后现代知识观及其教育启示[J]. 现代教育科学, 2006 (01): 20-23.

[42] 万伟. 知识观转变视野下的课程改革[J]. 教育科学, 2003 (01): 29-31.

[43] 石中英. 知识转型与教育改革[M]. 北京: 教育科学出版社, 2001.

[44] 刘俊, 周碧蕾. "旅游+教育"的核心意涵和实践路径[J]. 旅游学刊, 2022 (11): 1-3.

[45] 联合国教科文组织. 学会生存[M]. 北京: 教育科学出版社, 1996.

[46] 吴遵民. 现代国际终身教育论[M]. 上海: 上海教育出版社, 1999.

[47] 厉以贤. 学习社会的理念与建设[M]. 成都: 四川教育出版社, 2003.

[48] P Jarvis.An international dictionary of adult and continuing education[M]. London: Routiedge, 1990: 199.

[49] 富尔·埃德加. 学会生存[M]. 上海: 上海译文出版社, 1979.

[50] 邱江, 张进辅. 重庆市大学生求知行为调查研究[J]. 西南师范大学学报（自然科学版）, 2003 (05): 36-42.

[51] http://baike.baidu.com/view/1386781.htm.

[52] 吴必虎, 高向平, 邓冰. 国内外环境解说研究综述[J]. 地理科学进展, 2003, 22 (03): 326-334.

[53] C C Sharp. The manager, interpretation's best friend[J]. Rocky Mountain

High Plains Parks and Recreation Journal, 1969, 4(01): 19-22.

[54] 吴必虎，金华茌，张丽. 旅游解说系统的规划和管理[J]. 旅游学刊，1999（01）：44-46.

[55] 张新海，崔雨. 论基于后现代知识观的基础教育课程改革走向[J]. 商丘师范学院学报，2019（11）：86-90

[56] http://www.dayoo.com/roll/201007/28/10000307_103000355.htm.

[57] 马波，刘盟. 中小学研学旅行研究的三个关键问题[J]. 旅游学刊，2020，9（35）：1-3.

[58] https://baike.baidu.com/item/%E7%A0%94%E5%AD%A6%E6%97%85%E8%A1%8C%E6%8C%87%E5%AF%BC%E5%B8%88/23583185?fr=ge_ala.

[59] J T Yang, C S Wan. Advancing organizational effectiveness and knowledge management implementation [J]. Tourism Management, 2004, 25(05): 593-601.

[60] 饶勇. 旅游企业知识创新管理的认知与实践——以珠江三角洲地区为例[J].旅游科学，2009，23（03）：69-75.

[61] 李萌. 省思组织学习的本质：获取知识还是创造知识[J]. 商学院，2007（08）：43-44.

[62] 谢科范，张涛，桂萍. 知识型企业生命周期分析[J]. 武汉理工大学学报，2002，24（10）：99-102.

[63] 乐飞红，陈锐. 企业知识管理实现流程中知识地图的几个问题[J]. 图书情报知识，2000（03）：15-17.

[64] 谢康，吴清津，肖静华. 企业知识分享、学习曲线与国家知识优势[J]. 管理科学学报，2002，5（02）：14-21.

[65] 郭斌. 知识经济下产学合作的模式、机制与绩效评价[M]. 北京：科学出版社，2007.

[66] 亚当·斯密. 国民财富的性质和原因的研究[M]. 北京：商务印书馆，2009.

[67] 张军，朱方明，陈健生. 从"经济人"到"知识人"：解读人性假设的历史变迁与经济学研究范式的重构[J]. 经济评论，2004（04）：36-41.

[68] 杨学军. 知识经济与管理理论的前提假设[J]. 自然辩证法研究，2000，16（10）：47-51.

[69] 彼得·德鲁克. 变动中的管理界[M]. 上海：上海译文出版社，1999.

[70] 孙景梅. 知识型员工的管理与激励刍议[J]．中南财经政法大学学报，2003（01）1：67-70.

[71] 孙建国. 论知识经济条件下知识型员工的激励[J]．前沿，2001（03）：

8-12.

[72] 张萌物. 基于知识型员工特点的柔性管理[J]. 前沿, 2004（09）: 150-153.

[73] 路桑斯. 心理资本[M]. 李超平, 译. 北京: 中国轻工出版社, 2008.

[74] 魏钧. 组织契合与认同研究: 中国传统文化对现代组织的影响[M]. 北京: 北京大学出版社, 2008.

[75] 皮埃尔·布迪厄, 华康德. 实践与反思: 反思社会学导引[M]. 北京: 中央编译出版社, 2004.

[76] Bou R Dieu P. The logic of practice[M]. San Francisco: Stanford University Press, 1990.

[77] 张国昌, 胡赤弟. 视角下的高校协同创新模式分析[J]. 教育研究, 2017, 38（05）: 55-61.

[78] 皮埃尔·布迪厄. 艺术的法则: 文学场的生成和结构[M]. 北京: 中央编译出版社, 2001.

[79] 贾永飞, 郭玥. 科教产融合创新机理研究——基于场域理论[J]. 中国科技论坛, 2023（08）: 39-50.

[80] 郑晓东, 黄凡, 马好梦. 域理论下社区微治理的生成与运行机制研究[J]. 治理研究, 2021, 37（01）: 59-69.

[81] 解天龙. 场域理论视角下图书馆展览服务研究: 以中国国家图书馆为例[J]. 图书馆学研究, 2022（10）: 64-8.

[82] 吕一博, 蓝清, 韩少杰. 开放式创新生态系统的成长基因: 基于 iOS、Android 和 Symbian 的多案例研究[J]. 中国工业经济, 2015（05）: 148-160.

[83] Berg C, Alexander A T. The openness of open innovation in ecosystems: integrating innovation and management literature on knowledge linkages[J]. Journal of innovation & knowledge, 2018, 4(04): 211-218.

[84] 张骁鸣. 西方社区旅游概念: 误读与反思[J]. 旅游科学, 2007（01）: 1-6.

[85] Roddeck A. Business as Unusual[M]. London: Thorsons, 2000: 55.

[86] 焦彦, 陈冰. 艺术家移民在乡村旅游社区的社会融合研究——基于场域理论[J]. 旅游学刊, 2022, 37（08）: 26-39.

[87] 张展鸿. 从人类学角度透视旅游业[J]. 广西民族学院学报, 1994(04): 23-24.

[88] A H Maslow. Motivation and Personality[M]. 北京: 中国社会科学出版

社,1999.

[89] 亚里士多德. 形而上学[M]. 吴寿彭, 译. 北京: 商务印书馆, 1981.

[90] http://baike.baidu.com/view/377087.htm.

[91] 王协斌. 环境友好型旅游区理论初探. [J]. 林业调查规划, 2007, 32 (03): 117-120.

[92] http://www.hkkl.com/zhilan/youren/200705/20070514192108.html.

[93] 黄子燕. 公益旅游在我国的兴起和发展探究[J]. 商场现代化, 2010, 1 (598): 44-45.

[94] http://baike.baidu.com/view/4337932.htm.

[95] http://www.hsw.cn/news/2006-01/04/content_2494705.htm.

[96] 项文慧, 任飞. 基于知识旅游者假设的工业遗产旅游开发[J]. 生产力研究, 2009(24): 84-86.

[97] Butler R W. The concept of a tourist area cycle of evolution: implications for management of resources [J]. Canadian Geographer, 1980 (24): 5-12.

[98] 杨振之. 旅游资源开发与规划[M]. 成都: 四川大学出版社, 2002.

[99] 杨振之. 试论延长旅游地生命周期的模式[J]. 人文地理, 2003, 18 (06): 45-48.

[100] 斯沃布鲁克. 旅游消费者行为学[M]. 俞慧君, 等译. 北京: 电子工业出版社, 2004.

[101] 张静抒. 知识营销——生态旅游营销的新策略[J]. 市场营销导刊, 2004, 6 (03): 31-33.

[102] Goldsmith A H, Veum J R, DarityW. The impact of psychological and human capital on wages[J]. Economic Inquiry, 1997 (35): 815-829.

[103] Goldsmith A H, DarityW, Veum J R. Race, cognitive skills, psychological capital and wages[J]. Review of Black Political Economy, 1998, 26(02): 13-22.

[104] Luthans F, Luthans KW, Luthans B C. Positive psychological capital: Beyond human and social capital[J]. Business Horizons, 2004, 47(01): 45-50.

[105]Thomas A Wright. Positive organizational behavior: an idea whose time has truly come[J]. Journal of Organizational Behavior, 2003(04): 437-442.

[106] Luthans F, Youssef C M. Human, social and now positive psychological capital management: Investing in people for competitive advantage[J]. Organizational Dynamics, 2004, 33(02): 143-160.

[107] Stajkovic, A D & Luthans, F. Self-efficacy and work-related performance: A meta-analysis[J].Psychological Bulletin, 1998, 124(02), 240-261.

[108] Peterson C. The future of optimism[J].American Psychologist, 2000(55): 44-55.

[109] Schulman P. Applying learned optimism to increase sales productivity[J]. Journal of Personal Selling and Sales Management, 1999, 19(01): 31-37.

[110] 仲理峰. 心理资本对员工的工作绩效、组织承诺及组织公民行为的影响[J]. 心理学报，2007，39（02）：328-334.

[111] LarsonM, Luthans F. Potential added value of psychological capital in predicting work attitudes [J]. Journal of Leadership & Organizational Studies, 2006, 13(01): 45-62.

[112] Luthans F, Avolio B J, Walumbwa F O, and Li W. The psychological capital of Chinese workers: Exploring the relationship with performance[J]. Management and Organization Review, 2005, 1(02): 247-269.

[113] 温磊, 七十三. 企业员工心理资本干预的实验研究[J]. 中国健康心理学杂志，2009，17（06）：672-675.

[114] 张红芳, 吴威, 杨畅宇. 论心理资本的维度与作用机制[J]. 西北大学学报（哲学社会科学版）2009，39（06）：52-56.

[115] 薛薇. SPSS统计分析方法及应用[M]. 北京：电子工业出版社，2004.

[116] 黄胜兵, 卢泰宏. 品牌个性维度的本土化研究[J]. 南开管理评论，2003（01）：4-9.

[117] 田喜洲. 我国企业员工心理资本结构研究[J]. 中国地质大学学报（社会科学版），2009，9（01）：96-99.

[118] 郭志刚. 社会统计分析方法——SPSS软件应用[M]. 北京：中国人民大学出版社，1999. 55，107.

[119] F Luthans, J B Avey. Experimental analysis of a web-Based training intervention to develop positive psychological capital[J]. The Academy of Management Learning and Education, 2008, 7(02): 209-221.

[120] K M Sheldon, S Lyubomirsky. How to increase and sustain positive emotion: The effects of expressing gratitude and visualizing best possible selves[J]. The Journal of Positive Psychology, 2006, 1(02): 73-82.

[121] A Bandura. Perceived self-Efficacy in cognitive development and functioning[J]. Educational Psychologist, 1993, 28(02): 117-148.

[122] J L Patera. Achieving sustainable gains in happiness: Change your actions, not your circumstances[J]. Journal of Happiness Studies, 2006, 7(01): 55-86.

[123] 韩雪松，江云，袁冰. 组织认同研究述评及展望[J]. 商业研究，2007(03)：58-61.

[124] Cheney, G. On the various and changing meanings of organizational membership: a field study of organizational identification [J]. Communication Monographs, 2002, 50(04): 342-362.

[125] 宝贡敏，徐碧祥.组织认同理论研究述评[J].外国经济与管理，2006，28（01）：39-45.

[126] M Riketta. Organizational identification: a meta-analysis [J].Journal of Vocational Behavior, 2005, 66(02): 358-384.

[127] B E Ashforth, F Mael.Social identity theory and the organization [J]. Academy of Management Review, 1989, 14(01): 20-39.

[128] O Reilly, J Chatman. Organizational commitment and psychological attachment: The effects of compliance, identification, and internalization on pro-social behavior [J]. Journal of applied psychology, 1986, 77(01): 492-499.

[129] 魏钧，陈中原，张勉. 组织认同的基础理论、测量及相关变量[J].心理科学进展，2007，15（05）：385.

[130] F Mael, B E Ashforth. Alumni and their almamater: a partial test of the reformulated model of organizational identification [J]. Journal of Organizational Behavior, 1992, 13(02): 103-123.

[131] M Patchen. Participation, achievement, and involvement on the job [M]. Englewood Cliffs, NJ: Prentice Hall, 1970: 120-164.

[132] G Cheney, P K Tompkins. Coming to terms with organizational identifycation and Commitment [J]. Central States Speech Journal, 1987, 38(01): 1-15.

[133] J M Dukerich, B R Golden. Beauty is in the eye of the beholder: the impact of organizational identification, identity, and image on the cooperative behavior of physicians [J]. Administrative Science Quarterly.2002, 47(01): 507–533.

[134] E M Bamber, V M Iyer.Big 5 auditors' professional and organizational identification : consistency or conflict? [J]. Auditing, 2002, 21(02): 21-38.

[135] 许远理，郭德俊. 情绪与认知关系研究发展概况[J]. 心理科学，2004，27（01）：31-33.

[136] http://www.globalgeopark.org/publish/portal0/tab521/info1898.htm.

[137] 王文，钱丽苏，郑敏. 地质遗迹资源与可持续发展[J]. 旅游资源与管理，2002（06）：128.

[138] F W Eder, M Patzak. Geoparks-geological attractions: A tool for public

education, recreation and sustainable economic development [J]. Episodes, 2004, 27(03): 162-164.

[139] 赵汀, 赵逊. 世界地质遗迹保护和地质公园建设的现状和展望[J].地质论评, 2005, 51 (03): 301-307.

[140] S N Godfrey, P Bobrowsky, and J Clague. Protection of geological heritage: A North American perspective on geoparks[J]. Episodes, 2004, 27(03): 172-176.

[141] 胡炜霞, 吴成基. 论国家地质公园建设的可持续发展[J]. 干旱区资源与环境, 2007, 21 (06): 29-33.

[142] 彭永祥, 吴成基, 张玲. 1980年以来中国旅游地学研究文献分析[J]. 地理科学进展, 2009, 28 (05): 723-734.

[143] http://www.jztjj.gov.cn/.

[144] http://www.ha.stats.gov.cn/hntj/tjfw/tjfx/sxsfx/ndfx/webinfo/2007/01/1224810847424764.htm.

[145] http://travel.people.com.cn/GB/41625/74649/74652/5285950.html.

[146] http://www.globalgeopark.org/publish/portal0/tab541/info2103.htm.

[147] 葛新权, 李富强, 谢赤. 知识经济与可持续发展[M]. 北京: 社会科学文献出版社, 1999.

[148] R Kaplan, S Kaplan.The experiences of nature: The psychological perspective cambridge[M].UK: Cambridge University Press, 1989: 58.

[149] 李烈荣, 姜建军, 王文. 中国地质遗迹资源及其管理[M]. 北京: 中国大地出版社, 2002.

[150] Z Naveh, A S Lieberman. Landscape Ecology[M]. Theory and Application, Springer-Verlag, 1984: 356.

[151] 艾宪森, 柏鉴清. 浅谈奇石及其文化渊源[J]. 山东地质, 2000, 3(03): 18.

[152] 胡炜霞, 吴成基.基于景观生态学的景区周边环境与景区协调发展——以山西平遥古城为例[J]. 社会科学家, 2008, 5 (02): 36.

[153] 郭恒, 张炜. 景观设计中时间维度的思考[J]. 美术大观, 2007, 3(08): 23.

[154] 陕西延川黄河蛇曲国家地质公园规划文本. 陕西省延川县国土资源局、西安陕师大旅游规划设计研究院共同编制. 2010: 35-52.

[155] A C Mathis. Communicating geoheritage values with the public. 2005 Salt

Lake City Annual Meeting of GSA/Geological Society of America Abstracts with Programs, 2005, 37(07): 190.

[156] 陶伟, 杜小芳. 解说: 一种重要的遗产保护策略[J]. 旅游学刊, 2009, 24 (08): 47-50.

[157] Wiendu Nuryanti. Heritage and postmodern tourism[J]. Annals of Tourism Research, 1996, 23(02): 249-252.

[158] M B Orams. Using interpretation to manage nature-based tourism[J]. Journal of Sustainable Tourism, 1996, 4(02): 81-94.

[159] R B Powell, S H Ham .Can ecotourism interpretation really lead to Pro-conservation knowledge, attitudes and behavior? evidence from the galapagos islands [J]. Journal of Sustainable Tourism, 2008, 16(04): 467-489.

[160] I L Kuo. The effectiveness of environmental interpretation at resource-sensitive tourism destinations [J]. The International Journal of Tourism Research, 2002, 4(02): 89-96.

[161] 罗芬, 钟永德. 黄山园内旅游解说类型与有效性分析[J]. 旅游科学, 2005, 19 (05): 34-37.

[162] 洪艳, 陶伟. 游客对解说媒介的需求研究[J]. 旅游学刊, 2006, 21 (11): 43-48.

[163] S N Hwang, H J Chen. The relationship among tourists' involvement, place attachment and interpretation satisfaction in Taiwan's national parks[J]. Tourism Management, 2005, 26(2): 143-156.

[164] 罗芬, 钟永德. 世界自然遗产地游客旅游解说需求之研究[J]. 旅游学刊, 2008, 23 (08): 69-73.

[165] 白凯, 吴成基. 翠华山国家地质公园市场拓展策略研究[J]. 陕西师范大学学报 (自然科学版), 2007, 35 (03): 104-108.

[166] 张明珠, 卢松. 国内外旅游解说系统研究述评[J]. 旅游学刊, 2008, 23 (01): 92-95.

[167] 王民, 蔚东英. 环境解说系统对地质公园的意义[A]. 地质公园云台国际论坛——解说与可持续发展论文集[C]. 2007: 303-306.

[168] 闫利民. 云台山世界地质公园解说系统初步分析 [J]. 广西大学学报 (哲学社会科学版), 2008, 30 (Sup): 289-290.

[169] 林明太. 地质公园解说系统的规划与建设[J]. 西安建筑科技大学学报 (社会科学版), 2007, 26 (02): 30-33.

[170] 王艳. 地质公园旅游解说系统 FORCOM 框架研究[J]. 柳州职业技

学院学报, 2010, 10 (01): 21-23.

[171] 严国泰. 国家地质公园解说规划的科学性[J]. 同济大学学报 (自然科学版), 2007, 35 (08): 1135-1137.

[172] 钱小梅, 赵媛, 夏梦. 地质公园景区解说系统规划初探[J]. 河北师范大学学报 (自然科学版), 2006, 30 (02): 236-239.

[173] 陶盈科, 吴成基. 陕西翠华山国家地质公园建设研究[J]. 干旱区资源与环境, 2006, 20 (06): 130-135.

[174] 薛薇. SPSS 统计分析方法及应用[M]. 北京: 电子工业出版社, 2004.

[175] 郭志刚. 社会统计分析方法——SPSS 软件应用[M]. 北京: 中国人民大学出版社, 1999.

[176] A Carr. Positive psychology: The science of happiness and human strengths[M]. Ney York, NY: Brunnner-Routledge, 2004: 82-98.

[177] F Luthans, J B Aveyand. Psychological capital development: Toward a micro-intervention [J]. Jouranl of Organizational Behavior, 2006, 27(03): 387-393.

[178] 仲理峰. 心理资本研究评述与展望[J]. 心理科学进展, 2007, 15 (03): 483.

[179] B L Fredrickson. Why positive emotions matter in organizations: Lessons from the broaden-and-build model[J]. Psychologist Manager Journal, 2000, 4(02): 131-142.

[180] S Peterson, F Luthans. The positive impact and development of hopeful leaders[J]. Leadership and Organizational Development Journal, 2002, 24(01): 26-31.

[181] 鲁虹, 葛玉辉. 加强心理资本管理, 减少员工工作倦怠[J]. 江苏商论, 2008(03): 121-122.

[182] J E Dutton, J M Dukerich. Keeping an eye on the mirror: Image and identity in organizational adaptation [J]. Academy of Management Journal, 1991, 34(03): 517-554.

[183] M D Johnson, F P Morgeson, D R Ilgen. Multiple Professional Identities: Examining Differences in Identification across Work – Related Targets [J].Journal of Applied Psychology, 2006, 91(02): 498-506.

[184] J L Pierce, T Kostova, K T Dirks. Toward a theory of psychological ownership in organizations [J]. Academy of Management Review, 2001, 26(02): 298–310.

[185] 邓劲松. 知识型企业的组织认同与员工忠诚[J]. 计划与市场，2002(02)：38-39.

[186] 韩雪松. 从冲突到协调：知识型员工的组织认同培育模型[J]. 财经科学，2006(12)：71-76.

[187] 陶奎元. 台湾阳明山地景、保育与解说考察记[J]. 火山地质与矿产，2001，22（04）：303-306.

[188] http://sc.afcd.gov.hk/gb/www.wetlandpark.com/tc/education/school_pe.asp.

[189] A Mohsin. Tourist attitudes and destination marketing—the case of Australia's Northern Territory and Malaysia [J]. Tourism Management, 2005, 26(05): 723-732.

[190] 吴必虎，高向平，邓冰. 国内外环境解说研究综述[J]. 地理科学进展，2003（03）：326-334.

[191] 黄圣佑. 解说志工制度与志工特性之探讨[J]. 旅游科学，2005，19（04）：44-48.

[192] 江宁，陈建明. 从游客涉入角度对生态旅游景区解说系统满意度研究[J]. 桂林旅游高等专科学校学报，2006，17（05）：586-587.

[193] 罗华. 知识观的转变与教师角色创新[J]. 教育探索，2003（11）：14-16.

[194] 钟泓，李丰生. 基于游客视角的桂林旅游景区解说系统评价[J]. 旅游论坛，2008，1（03）：350-352.

[195] N T Katherine. An Evaluation of the Effectiveness of Interpretation within Dartmoor National Park in Reaching the Goals of Sustainable Tourism Development[J]. Journal of Sustainable Tourism, 2003, 11(06): 476-498.

[196] https://baike.baidu.com/item/%E4%B8%B9%E9%9C%9E%E5%B1%B1/187933?fr=ge_ala.

[197] 丹霞山世界地质公园[J].资源与人居环境，2023（06）：封底.

[198] 中国红石公园——丹霞山[N].中国旅游报，2009-12-01.

[199] 李小蓉. 丹霞山塔墓的初步考察[J]. 收藏与投资，2023，14（09）：87-89.

[200] 刘相军，张士琴，孙九霞. 地方性知识对民族旅游村寨自然环境的治理实践[J]. 旅游学刊，2021，36（07）：27-42.

[201] 何思源，王博杰，王国萍. 自然保护地社区生计转型与产业发展[J]. 生态学报，2021，41（23）：9207-9215.

[202]李贵清，解佳，刘俊. 知识导向型社区旅游中知识精英成长机制研究[J]. 旅游学刊，2023，38（01）：109-121.

[203] 陈昉，马益东.丹霞山"中国红石公园"的生态服务[J]. 森林与人类，2023（06）：74-79.

[204] https://mp.weixin.qq.com/s?__biz=MzA4MjQ0MTkzNg==&mid=2651056680&idx=1&sn=38cc4207c848bf27968c186bfbff24b3&chksm=8472e997b3056081c53603d6818c14df1401889577bfec6142cdadd34f075be7effbdfae381b&scene=27.

[205] http://dxs.sg.gov.cn/ztzl/dxsdzgyzl/dzdt/content/post_2497490.html.

[206] 周彤昕，刘俊. 自然保护地教育旅游产品生产机制研究：以广东省丹霞山为例[J]. 中国生态旅游，2023，13（03）：466-482.

[207] http://www.ctnews.com.cn/jqdj/content/2022-04/21/content_122658.html.

附录 1

游客调查问卷

尊敬的女士/先生：您好！

为了完善我们地质公园的景区管理，让每一位游客在这里留下有趣而难忘的记忆，我们诚恳邀请您填写问卷，并保证所有内容仅用于学术研究！绝不泄露个人信息！感谢您的参与，并献上对您及家人的无尽祝福！

您的性别：□男　□女

您的年龄：□18 岁及以下　□19－29 岁　□30－39 岁　□40－49 岁　□50－59 岁　□60 岁及以上

您的受教育程度：
□高中及以下　□大专　□本科　□硕士及以上

您的月收入：
□2000 元以下　□2001－5000　□5001－10000　□10001 元以上

您的职业是：□公务员　□文教专业技术　□工人　□自由职业者　□军人　□农民　□商贸服务　□学生　□离退休　□其他

您来自：A.西安　　B.西安外陕西省内　C.陕西省外中国大陆：_____省/自治区　D.港澳台地区　E.其他国家：_____

您本次旅行的出游方式是：
□跟随旅游团　□单位组织　□会议组团　□自驾游　□旅友结伴　□其他_____（请注明）

您来这里旅游的目的是（可多选）：
A.慕名前来开阔视野　B.观赏风景
C.休闲度假放松　D.对地质景观感兴趣
E.了解自然　F.工作或学习需要
G.结识新朋友　H.摆脱日常生活
I.陪伴他人游览　J.带孩子增长见识
K.购买特色旅游商品　L.与亲友同游

是否有人为您提供讲解服务？□是　□否
为您提供解说的人员是：
□团队导游　□地质公园讲解员　□老师　□亲友　□志愿者　□其他_____（请注明）

您这是第几次到翠华山地质公园来旅游？
□1 次　□2 次　□3 次　□4 次以上

项目	非常认同	认同	一般	不太认同	非常不认同
1. 我花在地质公园的时间比其他旅游景点多	□	□	□	□	□
2. 我可以从外表和行为上判别一个人是否喜爱地质公园	□	□	□	□	□

项目	非常认同	认同	一般	不太认同	非常不认同
3. 到地质公园旅游对我来说是重要的	□	□	□	□	□
4. 到地质公园旅游是我最愉快的事情之一	□	□	□	□	□
5. 来地质公园旅游，让我感到身心放松	□	□	□	□	□
6. 我精通地质公园的相关常识	□	□	□	□	□
7. 到地质公园旅游能表现我的个性风格与品位	□	□	□	□	□
8. 我乐于和朋友讨论地质公园的相关话题	□	□	□	□	□
9. 我会将这里推荐给我的亲朋好友	□	□	□	□	□
10. 我希望别人和我一样对地质公园有相同的价值观	□	□	□	□	□
11. 如果事后证明这次旅游是不好的决定，我会很恼火	□	□	□	□	□
12. 我不确定这次到地质公园旅游是最好的选择	□	□	□	□	□
13. 在地质公园旅游过程中，若有不愉快的事，我会很难过	□	□	□	□	□
14. 如果有专人解说，会让我的地质公园之行更愉悦	□	□	□	□	□
15. 我有把握来这里旅游是值得的，即使选择错了也不会有太大的损失	□	□	□	□	□
16. 与其他景点相比，地质公园是我最喜欢游览的地方	□	□	□	□	□
17. 没有其他地方能比得上这里	□	□	□	□	□
18. 决定去哪个地质公园时，我很难作出正确选择	□	□	□	□	□
19. 我对这里非常留恋	□	□	□	□	□
20. 如果可以，我愿意花更多时间在地质公园	□	□	□	□	□
21. 园内的解说牌位置布设合理	□	□	□	□	□
22. 地质公园的科普氛围很浓厚	□	□	□	□	□
23. 我觉得来地质公园旅游能够轻松地学到很多有趣的知识	□	□	□	□	□
24. 我总是主动地去阅读解说牌	□	□	□	□	□
25. 解说牌的内容有趣而且通俗易懂	□	□	□	□	□
26. 我愿意去参观公园内的地质博物馆	□	□	□	□	□

项目	非常认同	认同	一般	不太认同	非常不认同
27. 我想多知道一些动植物知识	☐	☐	☐	☐	☐
28. 我认为地质公园能够很好地保护地质风景	☐	☐	☐	☐	☐
29. 我对与这里有关的历史典故感兴趣	☐	☐	☐	☐	☐
30. 这里的咨询服务便利周到	☐	☐	☐	☐	☐
31. 地质博物馆中的展品布设能吸引人的注意	☐	☐	☐	☐	☐
32. 解说折页（印刷宣传品）获取方便	☐	☐	☐	☐	☐
33. 多媒体演示（录像、电脑触摸屏等）信息丰富有趣	☐	☐	☐	☐	☐
34. 路线指示牌标识清晰适当	☐	☐	☐	☐	☐
35. 参观路线设计合理	☐	☐	☐	☐	☐
36. 我希望了解公园景观的形成原因	☐	☐	☐	☐	☐
37. 我对景区周围的民俗逸事感兴趣	☐	☐	☐	☐	☐
38. 我还会再来这里旅游	☐	☐	☐	☐	☐
39. 我愿意来地质公园担任义务讲解员	☐	☐	☐	☐	☐

附录 2

旅游组织员工心理资本组织认同调查问卷

尊敬的女士/先生：您好！

这是一份学术性问卷，目的是研究旅游企业组织内的员工心理资本状况，我们诚恳地邀请您填写，并保证所有内容仅用于学术研究！采用匿名形式，绝不泄露个人信息！感谢您的参与，并献上课题组全体成员对您的无尽祝福！

项目	非常认同	认同	一般	不太认同	非常不认同
1. 作为本单位的一名员工我感到很自豪	□	□	□	□	□
2. 我向朋友赞扬本单位是值得效力而且很卓越的组织	□	□	□	□	□
3. 我非常在意本单位的命运	□	□	□	□	□
4. 作为工作的地方，本单位给我一种温暖的感觉	□	□	□	□	□
5. 我很愿意在本单位度过我职业生涯的剩余时间	□	□	□	□	□
6. 在本单位的工作经历，能够成为一个人有成就的例证	□	□	□	□	□
7. 我可以把本单位形容为一个"大家庭"大部分成员都有一种归属感	□	□	□	□	□
8. 我很高兴我选择了为本单位工作而不是其他单位	□	□	□	□	□
9. 我觉得本单位很关心我	□	□	□	□	□
10. 单位在社会上的形象能够很好地代表我	□	□	□	□	□
11. 我发现我很容易认同这家单位	□	□	□	□	□

项目	非常认同	认同	一般	不太认同	非常不认同
12. 我发现我的价值观和本单位的价值观很相似	□	□	□	□	□
13. 与管理层开会时，在陈述自己工作范围之内的事情方面我很自信	□	□	□	□	□
14. 我相信自己对单位战略的讨论有贡献。	□	□	□	□	□
15. 在我的工作范围内，我相信自己能够帮助设定目标	□	□	□	□	□
16. 我相信自己能够与单位外部的人（比如，供应商，游客）联系，并讨论问题	□	□	□	□	□
17. 我相信自己能够向一群同事陈述信息	□	□	□	□	□
18. 如果我发现自己在工作中陷入了困境，我能想出很多办法来摆脱出来	□	□	□	□	□
19. 目前，我在精力饱满地完成自己的工作目标	□	□	□	□	□
20. 任何问题都有很多解决方法	□	□	□	□	□
21. 我认为自己在工作上相当成功	□	□	□	□	□
22. 我能想出很多办法来实现我目前的工作目标	□	□	□	□	□
23. 目前，我正在实现我为自己设定的工作目标	□	□	□	□	□
24. 在工作中遇到挫折时，我很难从中恢复过来，并继续前进	□	□	□	□	□
25. 在工作中，我无论如何都会去解决遇到的难题	□	□	□	□	□
26. 在工作中如果不得不去做，可以说，我也能独立应战	□	□	□	□	□
27. 我通常对工作中的压力能泰然处之	□	□	□	□	□
28. 因为以前经历过很多磨炼，所以我现在能挺过工作上的困难时期	□	□	□	□	□
29. 在目前的工作中，我感觉自己能同时处理很多事情	□	□	□	□	□

项目	非常认同	认同	一般	不太认同	非常不认同
30. 在工作中,遇到不确定的事情时,我通常期盼最好的结果	☐	☐	☐	☐	☐
31. 如果某件事情会出错,即使我明智地工作,它也会出错	☐	☐	☐	☐	☐
32. 对自己的工作,我总是看到事情光明的一面	☐	☐	☐	☐	☐
33. 对我的工作未来会发生什么,我是乐观的	☐	☐	☐	☐	☐
34. 在我目前的工作中,事情从来没有像我希望的那样发展	☐	☐	☐	☐	☐
35. 工作时,我总相信"黑暗后面就是光明,不用悲观"	☐	☐	☐	☐	☐
36. 我希望能够有继续进修学习的机会	☐	☐	☐	☐	☐
37. 我愿意把我所知道的与游客分享	☐	☐	☐	☐	☐
38. 我很愿意和同事分享我所知道的	☐	☐	☐	☐	☐
39. 我很愿意尽力帮助同事解决问题	☐	☐	☐	☐	☐
40. 我经常和同事讨论工作中的问题	☐	☐	☐	☐	☐

您的性别:☐男 ☐女

您的年龄:☐25岁以下 ☐25—35岁 ☐36—45岁 ☐46—55岁 ☐56岁以上

您的受教育程度:

☐高中以下 ☐高中 ☐大专
☐本科 ☐硕士 ☐硕士以上

您的职务是:

☐高层管理 ☐中层管理 ☐职员

您在本单位的工作年限

☐1年以下 ☐1—3年 ☐3—5年
☐5—10年 ☐10年以上

您所在部门的类型是

☐研发类(研究室考古队、保管部、文馆所)
☐职能类 ☐宣教类(宣教部、陈列部)

再次衷心地感谢您!